W0245401

Bunte Taschen und Accessoires
einfach und schnell gehäkelt

Katharina Krenkel

Bunte Taschen und Accessoires
einfach und schnell gehäkelt

Ravensburger Ratgeber
im Urania Verlag

Inhalt

Vorwort

Diese Häkelaccessoires können Sie nirgendwo kaufen! Alle gehäkelten Objekte sind einzigartige Unikate, die Sie nur selbst herstellen können.

Ich wünsche mir, dass Sie diese Häkelarbeit ebenso genießen wie ich. Für mich ist das Häkeln unglaublich erholsam und entspannend. Masche für Masche entsteht aus dem Nichts etwas Schönes. Und wenn man sich vertan hat, zieht man das letzte Stück einfach wieder auf. Man kann das Häkelzeug unter den Arm klemmen und überallhin mitnehmen, man kann beim Häkeln die Gedanken schweifen lassen oder sich unterhalten. Ich arbeite nicht mit komplizierten Techniken, wie Sie sie beispielsweise bei der Spitzen- oder Filethäkelei anwenden müssen. Auch spezielle Muster kommen nur im einfachen und kleineren Rahmen zur Anwendung. Die Arbeiten bestehen weit gehend aus festen Maschen. Die Effekte entstehen vor allem durch häufige Farbwechsel, eingearbeitete Fremdmaterialien und das ungewohnte Zusammensetzen von einzelnen Teilen.

Wenn man diese Arbeitsweise einmal verinnerlicht hat und die Grundhäkelarten beherrscht, ist der Weg frei für eigenes Improvisieren. Gelegentlich bedeutet dies auch zu akzeptieren, dass eine Mütze ein wenig weiter wird als geplant oder der Abstand zwischen regelmäßig wiederkehrenden Abschlusszacken unterschiedlich ausfällt. Diese persönliche Handschrift macht erst das Unikat aus.

Viel Geduld, Freude und Spaß beim Häkeln wünscht Ihnen

Katharina Krenkel

Einführung ins Häkeln

So werden Häkelnadel und Garn gehalten

Jeder hat seine eigene Methode, die Häkelnadel zu halten und das Garn zu führen. Rechtshänder halten die Häkelnadel in der rechten Hand, üblicherweise wie einen Bleistift **a** oder in einem festeren Griff von oben **b**.

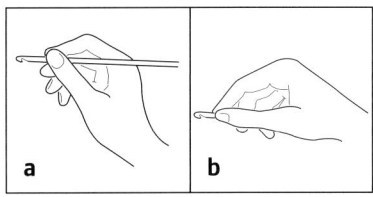

c Die linke Hand hält die Arbeit und reguliert gleichzeitig die Fadenspannung. Mit dem linken Zeigefinger kann auch die Fadenführung kontrolliert werden, während der Mittelfinger die Arbeit hält.
d Um eine leichte Spannung im Garn zu erzielen, ist es hilfreich, den Faden auf diese Weise um die Finger der linken Hand zu legen.

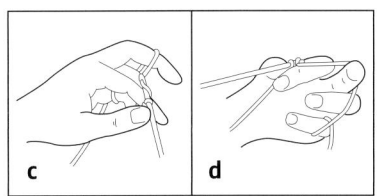

Hinweis für Linkshänder:

Linkshänder häkeln im Prinzip genauso wie Rechtshänder, nur halten sie die Nadel und das Garn umgekehrt. Wieder hat man die Möglichkeit, die Nadel wie einen Bleistift zu halten

a oder in einem festeren Griff von oben **b**.

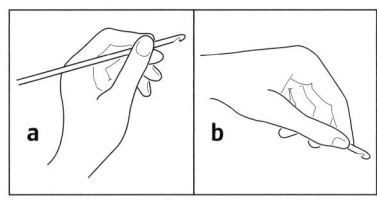

Basiskette

Fast alle Häkelarbeiten beginnen mit einer Basiskette. Diese entspricht dem „Anschlag" beim Stricken. Die Basiskette besteht aus einer Reihe von Luftmaschen, die mit einer geknoteten Schlinge beginnt.

Anfangsschlinge

a Eine Schlinge bilden, eine weitere Schlinge durchziehen.
b Fadenenden anziehen, bis die Schlinge locker um die Nadel liegt.

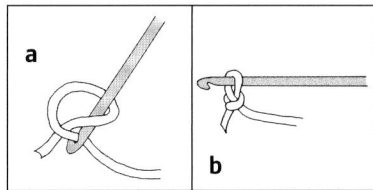

Luftmasche

a Den Faden von hinten nach vorn über die Häkelnadel legen (oder den Faden halten und die Häkelnadel führen); **b** den Faden durchziehen, sodass eine neue Schlinge gebildet wird, hierbei die vorhergehende Schlinge nicht anziehen.

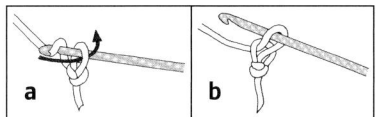

Kettmasche

a Häkelnadel einstechen (z. B. in die 2. Luftmasche ab Häkelnadel), Faden um die Häkelnadel legen; **b** Faden in einem Zug durch die Masche und die auf der Häkelnadel liegende Schlinge ziehen – die Kettmasche ist fertig. Diesen Arbeitsgang wiederholen.

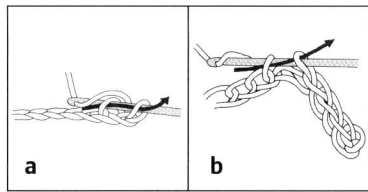

Feste Masche

a Häkelnadel einstechen (z. B. in die 2. Luftmasche ab Häkelnadel), Faden um die Häkelnadel legen; **b** Faden durch die Masche ziehen und wieder um die Häkelnadel legen; **c** Faden in einem Zug durch beide auf der Häkelnadel liegenden Schlingen ziehen.

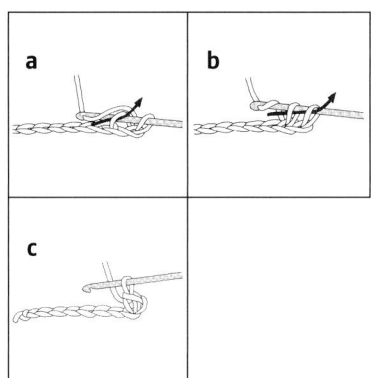

Halbes Stäbchen

a Faden um die Häkelnadel legen; **b** Häkelnadel in die Masche einstechen (z. B. in die 3. Luftmasche ab Häkelnadel), Faden um die Nadel legen, durch die Masche ziehen und wieder um die Nadel legen; **c** Faden in einem Zug durch alle 3 auf der Häkelnadel liegenden Schlingen ziehen.

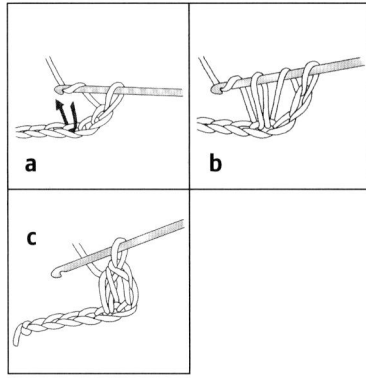

Stäbchen

a Faden um die Häkelnadel legen; **b** Häkelnadel in die Masche einstechen (z. B. in die 4. Luftmasche ab Häkelnadel), Faden um die Häkelnadel legen, nur durch die Masche ziehen und wieder um die Häkelnadel legen; **c** Faden durch die ersten 2 Schlingen ziehen und wieder um die Häkelnadel legen; **d** Faden durch die letzten beiden auf der Häkelnadel liegenden Schlingen ziehen.

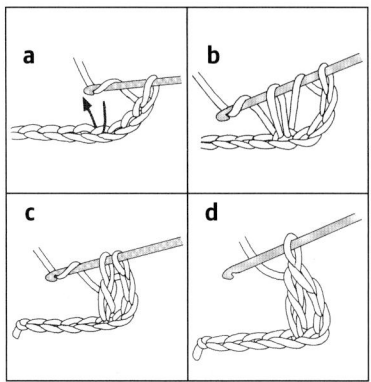

Doppelstäbchen

a Faden zweimal um die Häkelnadel legen; **b** Häkelnadel in die Masche einstechen (z. B. in die 5. Luftmasche ab Häkelnadel), Faden um die Nadel legen, nur durch die Masche ziehen und wieder um die Nadel legen; **c** Faden durch die ersten 2 Schlingen ziehen und wieder um die Nadel legen; **d** Faden durch die nächsten 2 Schlingen ziehen und wieder um die Nadel legen; **e** Faden durch die letzten 2 Schlingen ziehen.

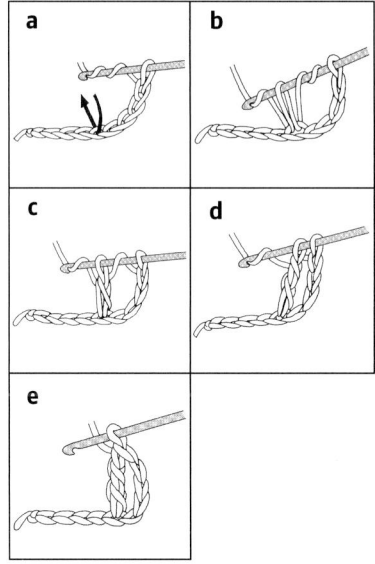

Dreifaches Stäbchen

Faden dreimal um die Häkelnadel legen; Häkelnadel in die Masche einstechen (z. B. in die 6. Luftmasche ab Häkelnadel), Faden um die Häkelnadel legen, nur durch die Masche ziehen und wieder um die Häkelnadel legen; Faden durch die ersten 2 Schlingen ziehen und wieder um die Häkelnadel legen; Faden durch die nächsten 2 Schlingen ziehen und wieder um die Häkelnadel legen; diesen Arbeitsgang wiederholen; Faden durch die letzten 2 auf der Häkelnadel liegenden Schlingen ziehen.

Arbeiten in Reihen

Beim Häkeln in Hin- und Rückreihen wird zunächst eine Basiskette gehäkelt. **Hinweis:** Es kann sehr ärgerlich sein, wenn man am Ende einer langen 1. Reihe anlangt und feststellt, dass die Basiskette zu wenig Luftmaschen hat. Lassen Sie ein großzügig bemessenes Faden-ende hängen, wenn die An-fangsschlinge gemacht wird; nun ist es einfach, die Häkelna-del vorübergehend aus der Ar-beitsschlinge zu ziehen und durch das Ende der Basiskette einzustechen. Mit dem Faden-ende können die erforderlichen Luftmaschen hinzugefügt wer-den.

Die 1. Reihe wird über die Ba-siskette gehäkelt (Rechtshänder häkeln von rechts nach links, Linkshänder von links nach rechts). Die Häkelnadel unter 1 Faden oder 2 Fäden der 3 Fä-den einstechen, aus denen die Luftmaschenkette besteht. Am Anfang der 1. Reihe muss die Höhe der 1. Masche durch 1 oder mehrere Luftmaschen ersetzt werden; hierfür wird die entsprechende Anzahl der Luftmaschen „überschlagen". Häufig zählen diese Luftmaschen als 1. Masche der Reihe. Die Anzahl der überschlagenen Luftmaschen hängt von der Höhe der anschließenden Masche ab: feste Masche = 1 oder 2 überschlagene Luftmaschen; halbes Stäbchen = 2 überschlagene Luftmaschen; Stäbchen = 3 überschlagene Luftmaschen; Doppelstäbchen = 4 überschlagene Luftmaschen; dreifaches Stäbchen = 5 überschlagene Luftmaschen. Aus diesem Grund sind u. a. beim Beginn stets mehr Luftmaschen anzuschlagen, als für die Basisbreite erforderlich ist. **Hinweis:** Diese Zahlen sind nur Richtwerte. Mitunter erzielt man mit einer größeren oder kleineren Anzahl von Luftmaschen bessere Ergebnisse.

Am Ende jeder Reihe wird die Arbeit gewendet, die neue Reihe wird über die vorhergehende von rechts nach links gehäkelt (Linkshänder: von links nach rechts). **Hinweis:** Es kann in jeder beliebigen Weise gewendet werden, jedoch sollte das Wenden jeweils einheitlich vorgenommen werden.

Vor dem Beginn einer neuen Reihe wird 1 Wendeluftmasche (oder mehrere) gehäkelt, um die Häkelnadel in die Höhe der Reihe zu bringen. Die Anzahl der Wendeluftmaschen hängt von der Höhe der zu häkelnden Masche ab (siehe oben).

Die Wendeluftmasche kann auch als 1. Masche der neuen Reihe gezählt werden. In diesem Fall

wird die 1. Masche der Vorreihe überschlagen, jedoch muss beim Erreichen des Reihenendes 1 Masche in den Kopf der vorhergehenden Wendeluftmasche gehäkelt werden.

Ansetzen eines neuen Fadens

Zum Ansetzen eines neuen Fadens die Häkelnadel in die entsprechende Stelle einstechen, **a** Faden um die Nadel legen, durchziehen und 1 Luftmasche häkeln.

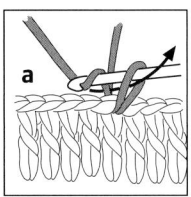

Mitunter muss ein neues Garnknäuel in der Mitte der Arbeit angesetzt werden, wenn das alte Knäuel aufgebraucht ist. Hierfür beim letzten Umschlag der in Arbeit befindlichen Masche den alten Faden fallen lassen, mit dem neuen Faden eine Schlinge machen und durchziehen. Die beiden kurzen Fadenenden vorübergehend festhalten, bis die nächste Masche gearbeitet worden ist. Ein Knoten ist überflüssig.

Wenn ein festes Muster gehäkelt wird (feste Maschen wie hier gezeigt), **b** den neuen Faden vorab über die oberen Maschenglieder der vorhergehenden Maschen legen und den Faden überhäkeln; **c** nach dem

Wechsel das Ende des alten Fadens überhäkeln. Dies macht ein späteres „Einstopfen" überflüssig.

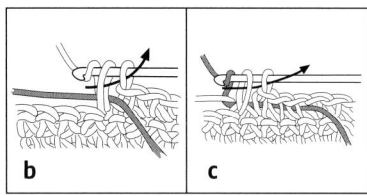

Wenn Sie einen neuen Faden am Reihenanfang ansetzen möchten, sollten Sie **d** die letzte Masche der Vorreihe mit dem neuen Faden abmaschen. Den alten Faden auf 5 cm zurückschneiden. Wenden mit 1 Wendeluftmasche und **e** 4–5 Maschen um die Fadenenden herumhäkeln.

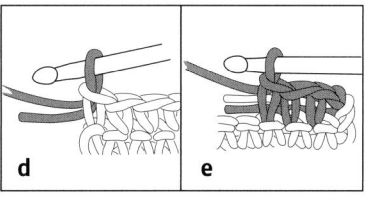

Fäden, die anschließend am gleichen Rand wieder benötigt werden, nicht abschneiden, sondern nach Bedarf anschlingen und am seitlichen Rand der Arbeit locker mitführen.

Fadenende sichern

a Den Faden auf 15 cm zurückschneiden; dieses Ende durch die letzte Schlinge ziehen.

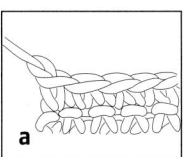

b Faden in eine Sticknadel ohne Spitze fädeln, auf der Rückseite 3–5 cm lang verweben; abschneiden.

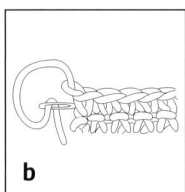

b

Wechseln der Farbe

Wenn eine neue Farbe angesetzt werden muss, vor Beendigung der letzten Masche in der alten Farbe diesen Faden fallen lassen und den neuen Faden aufnehmen, sodass die auf der Häkelnadel liegende Schlinge bereits in der neuen Farbe vorhanden ist.

Häkeln in Runden

Beim Häkeln in Runden 3 oder mehr Luftmaschen häkeln (die Zahl hängt vom Muster ab), diese zum Ring schließen; hierfür die Häkelnadel in die 1. Luftmasche einstechen und 1 Kettmasche häkeln. Am Beginn jeder Runde 1 Wendeluftmasche häkeln, entsprechend der Höhe der Maschen der Runde. In der 1. Runde die Häkelnadel jeweils in die Mitte des Basisringes einstechen; von der 2. Runde ab die Häkelnadel unter die 2 oberen Maschenglieder der Maschen der vorhergehenden Runde einstechen, wenn nicht anders angegeben. Am Ende jeder Runde die Häkelnadel in den Kopf der Anfangsluftmasche einstechen

und die Runde mit 1 Kettmasche schließen.

Schnecken häkeln

Will man Schnecken häkeln, verzichtet man auf die Kettmasche am Ende einer Runde. Stattdessen sticht man in die 1. Luftmasche und häkelt sofort die 1. Mustermasche (z. B. Stäbchen). Will man einen flachen Teller häkeln, jeweils 2 Stäbchen in 1 Luftmasche arbeiten und fortlaufend auf den Anschlagmaschen weiterhäkeln. Die Schnecke immer weiter rundherum häkeln, bis die gewünschte Größe erreicht ist. Die „Stäbchenschnecke" mit 1 halben Stäbchen, 1 festen Masche und 1 Kettmasche beenden, damit der Übergang sanft verläuft.

Teile zusammenhäkeln

a Die Häkelteile werden rechts auf rechts aufeinander gelegt. Mit dem Häkelhaken erfasst man eine Masche des einen Teils und eine Masche des 2. Teils, holt den Arbeitsfaden durch und häkelt die Masche zu Ende. So wird Masche für Masche zusammengehäkelt.

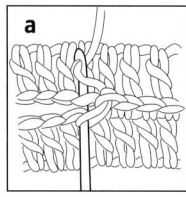

a

Zunehmen

Bei einer Arbeit aus dichten Grundmaschen wie festen

Maschen oder Stäbchen ist das Häkeln von 2 oder mehr Maschen in 1 Masche an den Reihenenden im Allgemeinen die einfachste Möglichkeit fließender Zunahmen.

Abnehmen

Um Maschen abzunehmen, werden einfach 2 oder mehr Maschen am Kopf zusammen abgemascht.

2 feste Maschen zusammenhäkeln

a Häkelnadel in die nächste Masche (oder wie erforderlich) einstechen, Faden um die Häkelnadel legen, Schlinge durchholen; **b** diesen Arbeitsgang in der nächsten Masche wiederholen (3 Schlingen auf der Häkelnadel); **c** Faden um die Nadel legen und durch alle auf der Häkelnadel liegenden Schlingen ziehen.

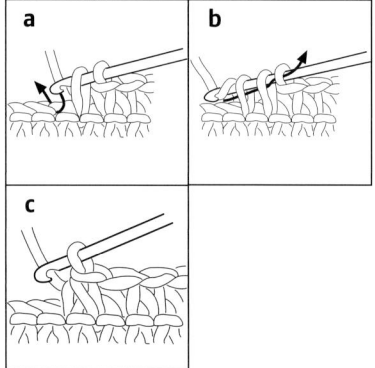

a **b**

c

3 feste Maschen zusammenhäkeln

Wie oben, bis 3 Schlingen auf der Häkelnadel liegen; Häkelnadel in die 3. Masche einstechen, Faden um die Nadel legen und durch 1 Schlinge ziehen (4 Schlingen auf der Häkelnadel); Faden um die Nadel legen und durch alle auf der Häkelnadel liegenden Schlingen ziehen.

2 oder 3 Stäbchen zusammenhäkeln

Faden um die Häkelnadel legen, Häkelnadel in die nächste Masche (oder wie erforderlich) einstechen, Faden um die Nadel legen, Schlinge durchziehen, Faden um die Nadel legen und durch 2 Schlingen auf der Häkelnadel ziehen (2 Schlingen bleiben auf der Häkelnadel); diesen Arbeitsgang in der nächsten Masche wiederholen (3 Schlingen auf der Häkelnadel); um 3 Stäbchen zusammenzuhäkeln, diesen Arbeitsgang nochmals wiederholen (4 Schlingen auf der Häkelnadel); Faden um die Nadel legen und durch alle auf der Häkelnadel liegenden Schlingen ziehen.

Kreuzstäbchen (X-Form)

a Den Faden zweimal um die Nadel legen, Häkelnadel wie erforderlich für das untere Teil des Maschenglieds einstechen; **b** Faden um die Nadel legen, Schlinge durchholen, Faden um die Nadel legen, durch 2 Schlingen ziehen (3 Schlingen auf der Häkelnadel), Faden nochmals um die Nadel legen, Häkelnadel wieder wie erforderlich für das untere Teil des

2. Maschengliedes einstechen; **c** Faden um die Häkelnadel legen, Schlinge durchziehen, Faden um die Häkelnadel legen und durch 2 Schlingen ziehen, die beiden unteren Maschenglieder sind abgemascht; **d** Faden um die Nadel legen und durch 2 Schlingen ziehen; diesen Arbeitsgang noch zweimal wiederholen, der 1. „Arm" ist fertig. **e** Die erforderliche Anzahl von Luftmaschen häkeln, damit die Häkelnadel in den Kopf des 2. „Arms" eingestochen werden kann, Faden einmal um die Häkelnadel legen, Häkelnadel in der Mitte des soeben beendeten Büschels einstechen, 2 Fäden an der linken Seite auffassen und Schlinge durchholen; **f** Faden um die Häkelnadel legen und durch 2 Schlingen ziehen; **g** diesen Arbeitsgang wiederholen, damit der 2. „Arm" und die gesamte X-Form fertig gestellt wird.

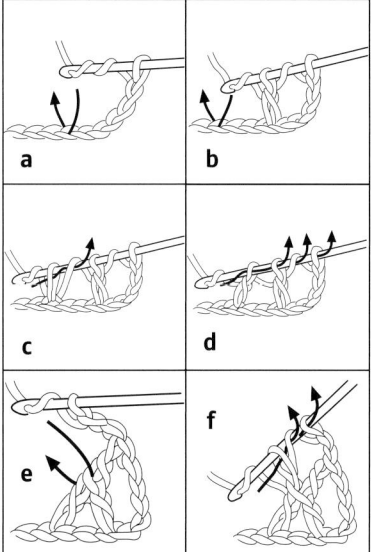

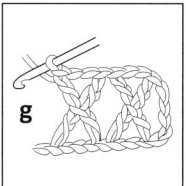

Picots

Ein Picot besteht aus einer Luftmaschenkette, die mit 1 Kettmasche oder 1 festen Masche zum Ring geschlossen wird. Die Anzahl der Luftmaschen in einem Picot ist unterschiedlich. Ein üblicher Typ des kleinen Picots, **a** hier mit 3 Luftmaschen, wird geschlossen **b**, indem die Häkelnadel durch den Kopf der vorhergehenden Masche eingestochen wird, danach wird der Faden um die Nadel gelegt und eine Schlinge durch alle auf der Häkelnadel befindlichen Schlingen gezogen.

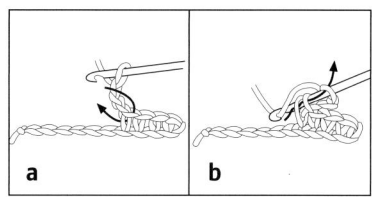

Krebsmaschen

Krebsmaschen werden als dekorativer Randabschluss verwendet. Es werden feste Maschen von links nach rechts (bei Rechtshändern) gehäkelt. Nach einer Hinreihe nicht wenden, sondern **a** die Häkelnadel in die nächste Masche nach rechts einstechen und den Faden auffassen. **b** Schlinge durchholen und über den Kopf der Reihe hochziehen, als ob wieder nach links gehäkelt würde; Faden normal um die Nadel legen. **c** Faden durch beide auf der Häkelnadel liegenden Schlingen ziehen. **d** Durch die veränderte Arbeitsrichtung werden die Maschen gedreht, wodurch die dekorative Wirkung entsteht.

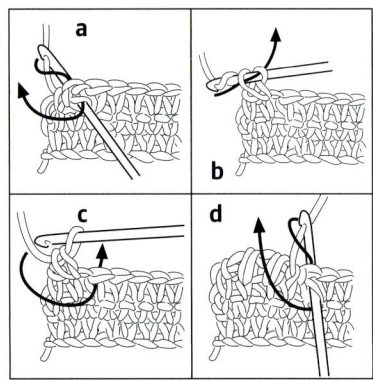

Anhäkeln an Fremdmaterialien

Mit Kettmaschen oder festen Maschen kann man unkompliziert an Fremdmaterialien anhäkeln (hier veranschaulicht am Beispiel eines Stoffes mit Saum). **a** Unterhalb des Umschlags in den einfachen Stoff einstechen, die Maschen jeweils bis an die Kante hochziehen und abhäkeln. **b** Ein Zierstich entsteht, indem man z.B. 3 Maschen in die gleiche Einstichstelle arbeitet und mit einem größeren Stich weitergeht.

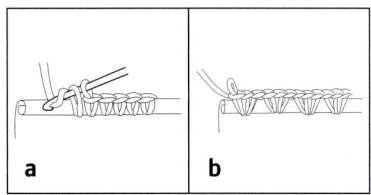

Aufhäkeln von Kettmaschenlinien

Das Garnknäuel unter das Häkelteil legen, die Häkelnadel von der Vorderseite aus durch das Häkelteil zur Rückseite führen und eine Schlinge auf die Vorderseite holen. Dann in den nächsten Einstichpunkt einstechen und wieder eine Schlinge von unten auf die Vorderseite holen und durch die auf der Nadel liegende Schlinge ziehen. Diesen Arbeitsgang beliebig oft wiederholen. Man kann beliebige Formen nachhäkeln.

Perlen einhäkeln

Die Perlen zuerst auf den Häkelfaden auffädeln. Dann im gewünschten Muster arbeiten und die Perlen beliebig dicht einhäkeln. Die Perlen erscheinen jeweils auf der Rückseite der Arbeit.
a Den Haken in die Masche einstechen, die Perle anschieben und die Masche in der gewohnten Weise beenden. Sollen die Perlen dicht an dicht sitzen, wird der Vorgang in jeder Masche wiederholt. Jede 2. Reihe wird immer ohne Perlen gearbeitet, da die Perlen auf der Rückseite erscheinen.

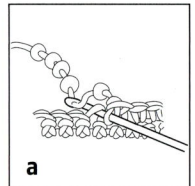

Knopflöcher

a Wer die Knopflöcher nicht gleich in das Häkelteil einarbeiten möchte, kann sie auch an der Kante anhäkeln: Einige feste Maschen in die Kante häkeln, dann entsprechend der Knopfgröße eine Luftmaschenkette arbeiten, ein paar Maschen der Kante übergehen und wieder einige feste Maschen in die Kante häkeln. Beliebig oft in gleichmäßigen Abständen wiederholen. Sollte die Luftmaschenkette nicht haltbar genug sein, arbeitet man noch eine Reihe feste Maschen über die ganze Kante.
b Um die Knopflöcher direkt in das Häkelteil einzuarbeiten, geht man folgendermaßen vor: Je nach Größe des Knopfes mit 2–6 Luftmaschen ebenso viele Maschen der Vorreihe übergehen. Anschließend wie gewohnt weiterhäkeln. **c** In der nächsten Reihe in jede dieser Luftmaschen eine Masche im Muster wie zuvor häkeln.

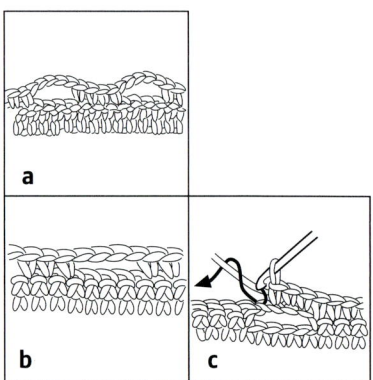

Kordeln

Hat man die Länge der fertigen Schnur errechnet, verdreifacht man dieses Maß und wickelt vom Knäuel in der errechneten Länge mehrere Fäden ab, ohne sie auseinander zu schneiden. Für eine mittelstarke Schnur braucht man 4–6 gleichmäßig lange Fäden. Die Schnur ist fertig dann 8- bis 12-fädig. Die Schlaufen an einem Ende dieses langen Stranges werden über eine Fenster- oder Türklinke gestreift, in die Schlaufen des anderen Endes steckt man eine Stricknadel oder einen Bleistift. Jetzt tritt man so weit zurück, dass der Strang straff gespannt ist, fasst mit der linken Hand dicht hinter den Bleistift und dreht diesen mit der rechten Hand so lange in einer Richtung herum, bis der Strang stark gedreht ist. Lässt man in der Spannung ein wenig nach, so müssen sich Knötchen bilden. Jetzt nimmt man den Bleistift heraus, lockert die Schlaufen ein wenig und schiebt sie ebenfalls auf die Klinke, dabei muss der Strang straff gespannt bleiben. In den Umbruch des Stranges steckt man den Bleistift und dreht ihn nun in entgegengesetzter Richtung. Dann nimmt man die Schlaufen von der Klinke, vernäht dieses Schnurende sorgfältig und beschneidet es.

Pompons

Je nach gewünschter Größe schneidet man 2 runde Pappscheiben, die in der Mitte eine runde Öffnung haben und genau aufeinander passen. Die Papp-

ringe fest mit Wolle umnähen, bis das innere Loch ausgefüllt ist. Die Wollfäden rund um die Kante durchschneiden und mit einem festen Faden zwischen den Pappringen verknoten. Nachdem fest abgebunden wurde, durchschneidet man die Pappscheiben und löst sie heraus. Die Pompons müssen nun noch gleichmäßig mit einer scharfen Schere rundgeschnitten werden.

Fransen

Man schneidet einen Kartonstreifen, dessen Höhe 1 cm mehr beträgt, als die fertigen Fransen lang sein sollen, und wickelt um diesen gleichmäßig

die Wolle (nicht spannen). Je nach Stärke der Wolle rechnet man für ein Fransenbündel 2–6 Umwicklungen. Schneiden Sie die Fransen am unteren Rande des Kartons auf. Mit Hilfe einer Häkelnadel wird jedes Bündel Wolle an den Rand der Arbeit angeknüpft: Die Knüpfkante von hinten nach vorne durchstechen, das Wollbündel in der Mitte fassen und zu einer Schlinge auf die Rückseite ziehen. Durch diese Schlinge das gesamte Wollbündel holen und den Knoten, der dadurch entsteht, gleichmäßig anziehen. Sind alle Fransen geknüpft, werden sie unten gerade geschnitten.

Erklärung der Häkelschriftzeichen

Luftmasche	⬭
Kettmasche	⬬
feste Masche	+
halbes Stäbchen	T
Stäbchen	⊤
Doppelstäbchen	⊤
dreifaches Stäbchen	⊤
feste Maschen zusammenhäkeln	⋀⋀ ⋀⋀ 2 3
Stäbchen zusammenhäkeln	2 3 3 4 5
Doppelstäbchen zusammenhäkeln	2 3 4 5 5
Kreuzstäbchen (X-Form)	✕
Picots	+ + + + + + + +

Zahlen: Zahlen bezeichnen die Nummer der Reihe oder Runde.

Brillenetui

Das Häkeln mit Draht ist anfangs nicht ganz einfach, weil man nur schwer erkennen kann, wo man einstechen muss. Für ein Brillenetui bietet sich dieses Material aber an, da die Brille durch den Draht besonders gut geschützt wird. Das Futter wurde aus Baumwollgarn gehäkelt. Beide Teile werden separat fertig gestellt, dann links auf links zusammengesteckt und von außen mit rotem Baumwollgarn zusammengehäkelt. Sie arbeiten ausschließlich mit festen Maschen. Denken Sie beim Streifenmuster daran, die Fadenenden gleich mit einzuhäkeln.

■ **Material**

Baumwollgarn „Blau-Tulpe" von Coats, je 50 g in Weiß (4050), Gelb (4085), Rot (4093), Hellblau (4080) und Mittelblau (4059). Blumendraht aus dem Bastelgeschäft (0,35 mm), 100 m in Moosgrün. Druckknopf in Silber, ⌀ 15 mm. Rest Nähgarn. Häkelnadel Nr. 3 und 4.

Farbfolge (Futter)
Rot, Weiß, Gelb, Hellblau, Mittelblau

Anleitung
Außenform aus Draht (Häkelnadel Nr. 4):
Vorderes Teil: 20 Luftmaschen anschlagen.
1.–6. Reihe: Feste Maschen häkeln und für die Zunahmen jeweils in die letzte Masche 2 feste Maschen häkeln = 26 Maschen.
7.–10. Reihe: Nur feste Maschen häkeln.
Hinteres Teil: Bis zur 10. Reihe wie das vordere Teil arbeiten.
11. Reihe: Nur feste Maschen häkeln.
12.–13. Reihe: Für die Abnahmen nach der Wendeluftmasche erst in die 2. Masche einstechen. Mit festen Maschen weiterhäkeln.
14.–21. Reihe: Nach der Wendeluftmasche wieder die 1. Masche überspringen, mit festen Maschen weiterhäkeln. Die letzte Masche nicht häkeln.

Es sollten nun 8 Maschen übrig sein.
Vorderes Teil und hinteres Teil zusammenhäkeln:
Teile aufeinander legen und, in der linken oberen Ecke beginnend, mit festen Maschen zusammenhäkeln. In die Eckmaschen zweimal einstechen, damit eine schöne Rundung entsteht. Die Drahtenden alle einmal verknoten und möglichst unsichtbar in das Gewebe stecken.

Futter aus Baumwolle (Häkelnadel Nr. 3):
Vorderes Teil: 30 Luftmaschen in Rot anschlagen. Weiter in der Farbfolge (siehe links) arbeiten.
1. Reihe: Feste Maschen häkeln.
2.–13. Reihe: Feste Maschen häkeln und für die Zunahmen jeweils in die letzte Masche 2 feste Maschen häkeln = 42 Maschen.

14.–20. Reihe: Mit festen Maschen weiterhäkeln. Sie beenden das Vorderteil mit Mittelblau.

Hinteres Teil: Bis zur 20. Reihe wie das vordere Teil arbeiten.

21.–22. Reihe: Für die Abnahmen nach der Wendeluftmasche erst in die 2. Masche einstechen. Mit festen Maschen weiterhäkeln.

23.–35. Reihe: Nach der Wendeluftmasche wieder die 1. Masche überspringen, mit festen Maschen weiter-häkeln. Die letzte Masche nicht häkeln. Es sollten nun 14 Maschen übrig sein.

Lose Fäden mit der Stopfnadel versäubern. Vorderes und hinteres Teil mit rotem Garn zusammenhäkeln (siehe auch Außenform).

Außentasche und Futter links auf links ineinander stecken und entlang der Oberkante Vorderteil und Klappenkante mit rotem Garn zusammen-häkeln. In der rechten Ecke der Oberkante des Vorderteils beginnen. Dabei beachten, dass das Außenfutter aus Draht gröber gearbeitet ist, also weniger Maschen hat. Deshalb das Futter etwas einhalten, d. h. immer wieder in 1 Drahtmasche zweimal einstechen. An den Ecken der Klappe zweimal einstechen. Runde mit einer Kettmasche schließen. Fadenende versäubern.

Druckknopf mit Nähgarn mittig unter die Klappe nähen.

Bauchtasche

Diese Bauchtasche erinnert an ein Servierschürzchen, denn sie wird ebenso gebunden. Auf der Vorderseite findet sich ein einfacher Eingriffschlitz, in den später ein Reißverschluss eingenäht wird. Das Vorderteil wird mit einer bunten Blumenwiese dekoriert. An der gerundeten Kante werden die beiden Teile mit Picots verbunden, an der oberen Kante mit festen Maschen. Bänder und Taschenteile werden mit festen Maschen gehäkelt.

■ Material

Baumwollgarn „Lyric 8/4" von Coats, je 50 g in Grasgrün (512), Rot (508), Gelb (524) und Pink (525). Reißverschluss in Pink, 12 cm. Nähgarn. Häkelnadel Nr. 3.

Anleitung
Hinteres Teil und Bänder:
300 Luftmaschen in Grasgrün anschlagen.

1.–4. Reihe: Mit festen Maschen gerade hoch arbeiten. Faden abschneiden.

5. Reihe: In die 128. Masche neu einstechen und 46 feste Maschen häkeln.

6.–14. Reihe: Mit festen Maschen gerade hoch arbeiten.

15.–16. Reihe: Für die Abnahmen nach der Wendeluftmasche erst in die 2. Masche einstechen. Mit festen Maschen weiterhäkeln.

17.–18. Reihe: Mit festen Maschen weiterhäkeln.

19.–20. Reihe: Nach der Wendeluftmasche erst in die 2. Masche einstechen. Mit festen Maschen weiterhäkeln.

21.–22. Reihe: Mit festen Maschen weiterarbeiten.

23.–32. Reihe: Nach der Wendeluftmasche erst in die 2. Masche einstechen. Mit festen Maschen weiterhäkeln.

33.–34. Reihe: Nach der Wendeluftmasche erst in die 2. Masche einstechen, mit festen Maschen weiterarbeiten. Die letzte Masche nicht häkeln.

35.–36. Reihe: Nach der Wendeluftmasche erst in die 2. Masche einstechen, mit festen Maschen weiterarbeiten. Die letzten 2 Maschen nicht häkeln.

37.–38. Reihe: Nach der Wendeluftmasche erst in die 2. Masche einstechen, mit festen Maschen weiterhäkeln. Die letzten 3 Maschen nicht häkeln. Es sollten nun 14 Maschen übrig sein.

Vorderes Teil: 46 Luftmaschen in Grasgrün anschlagen.

1.–4. Reihe: Mit festen Maschen gerade hoch arbeiten. Dann wird der Eingriffschlitz eingearbeitet:

5.–8. Reihe: 7 feste Maschen häkeln, wenden und 3 weitere Reihen mit festen Maschen arbeiten. Faden abschneiden. 32 Maschen für den Eingriffschlitz überspringen, dann wieder 7 feste Maschen auf der anderen Seite des Schlitzes häkeln, wenden und 3 weitere Reihen mit festen Maschen arbeiten.

9. Reihe: 7 feste Maschen häkeln, dann 32 Luftmaschen zur Überbrückung des Schlitzes arbeiten und wieder 7 feste Ma-

Die Tasche kann natürlich auch anders als um den Bauch herum getragen werden.

schen häkeln.

10. Reihe: 46 feste Maschen häkeln.

11.–38. Reihe: Wie das hintere Teil weiterarbeiten.

Ausarbeitung des vorderen Teils: Den Schlitz mit Pink umhäkeln, Runde mit 1 Kettmasche schließen, Fadenende versäubern. Gelbe senkrechte Kettmaschenlinien (siehe Seite 12) als Blütenstängel aufhäkeln. Für die Blüten Kreise in Rot häkeln: 3 Luftmaschen anschlagen. In die 1. Luftmasche 10 halbe Stäbchen häkeln. Kreis mit 1 Kettmasche schließen. Langen Faden stehen lassen und die Kreise über den Stängeln aufnähen. Blütenblätter in Pink rund um die aufgenähten Kreise sticken (Kettenstich oder einfacher Steppstich).

Zum Schluss werden die beiden Teile mit rotem Garn zusammengehäkelt. Entlang der Rundung eine Picotborte häkeln:* 3 feste Maschen, 5 Luftmaschen, 1 Kettmasche in den Kopf der 3. festen Masche häkeln. Ab * wiederholen, bis die gesamte gerundete Kante umhäkelt ist. Dabei auch die 4 Maschen über den Bändern zusammenhäkeln. Hierfür gleichzeitig in das Vorderteil und das Band einstechen. Die Oberkanten nur mit festen Maschen zusammenhäkeln. Runde mit 1 Kettmasche schließen. Fäden versäubern. Den Reißverschluss mit Nähgarn in den Schlitz nähen.

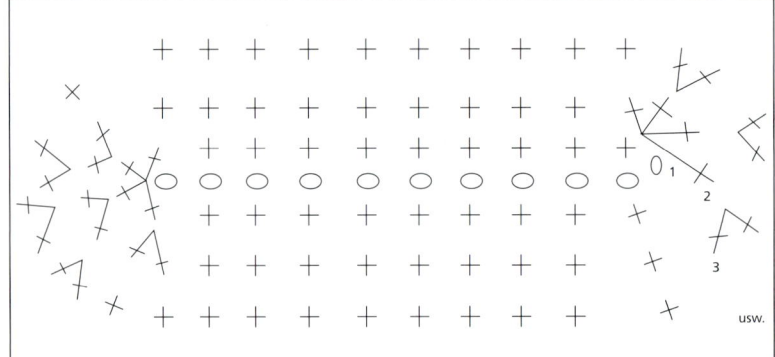

usw.

Handytasche

Gehäkelt wird im Grunde nur ein langer Schlauch aus festen Maschen. Der Effekt entsteht durch die häufigen Farbwechsel, die willkürlich, mal früher mal später, in beliebiger Farbfolge stattfinden. Unbedingt beachten: Fadenenden immer gleich mit einhäkeln! Dadurch gewinnt der Schlauch sogar noch zusätzlich an Stabilität. Den Abschluss der Tasche bilden zahlreiche Bänder, bestehend aus Luftmaschenketten und jeweils einer Reihe fester Maschen. Diese dienen als Verschluss (2 Arme werden miteinander verknotet, 1 Arm wird um die anderen gewickelt etc.). Sie werden auch genutzt, um die Tasche irgendwo anzubinden oder um irgendetwas an der Tasche anzubinden.

■ Material

Baumwollgarn „Lyric 8/4" von Coats, je 50 g in Weiß (500), Gelb (524), Rot (508), Pink (525), Hellblau (510), Blau (511) und Grasgrün (512). Häkelnadel Nr. 3.

Anleitung

11 Luftmaschen anschlagen.
1. Reihe: Feste Maschen häkeln. In die letzte Masche 4 feste Maschen häkeln, um eine „Kurve" zu bilden, anschließend auf der anderen Seite der Luftmaschenkette einstechen und mit festen Maschen weiterhäkeln = 1. Runde.
2. Runde: In die 1. Masche 4 feste Maschen häkeln, mit festen Maschen weiterarbeiten. An der Spitze der nächsten „Kurve" in 3 Maschen jeweils zweimal einstechen. Auf dieselbe Weise an den nächsten 6 „Kurven" zunehmen, bis eine Maschenzahl von 46 erreicht ist. Ab nun in Runden, ohne Zunahmen, mit festen Maschen weiterarbeiten, bis 39 Runden gehäkelt sind. Dann 1 Runde in Grün häkeln. Anschließend werden die Fransen in Grün hergestellt: * 50 Luftmaschen häkeln, 1 Wendeluftmasche arbeiten und mit festen Maschen auf den Luftmaschen zurückhäkeln. Dann 1 Masche überspringen und in die nächste Masche 1 Kettmasche häkeln. Ab * wiederholen. Die Runde mit 1 Kettmasche beenden. Fäden vernähen und bei den eingehäkelten Fäden die heraushängenden Enden abschneiden.

Einkaufstasche aus Jute

Das Ungewöhnliche an dieser Tasche ist das Material: Hier wird ausschließlich mit Jutegarn gearbeitet. So entsteht eine äußerst stabile Tasche, die Sie auch für schwere Einkäufe verwenden können.

■ Material

Jutegarn aus dem Bastelgeschäft, ⌀ 3,5 mm dick, 1 kg in Natur/Dunkel. Häkelnadel Nr. 7. Extra dicke Stopfnadel zum Versäubern der Fäden.

Anleitung

Boden: 30 Luftmaschen anschlagen.
1.–4. Reihe: Feste Maschen arbeiten und für die Zunahmen in die letzte Masche 2 feste Maschen häkeln.
5.–8. Reihe: Mit festen Maschen gerade hoch häkeln.
9.–12. Reihe: Für die Abnahmen nach der Wendeluftmasche erst in die 2. Masche einstechen. Mit festen Maschen weiterarbeiten. Nach der 12. Reihe Faden abschneiden.
Korpus: Kurz vor einer Ecke beginnen, den Boden mit festen Maschen in Runden zu umhäkeln. Dabei unbedingt daran denken, die Fadenenden gleich mit einzuhäkeln. (Das nachträgliche Vernähen ist eine Tortur für die Fingerkuppen!) Insgesamt 23 Runden häkeln. Faden nicht abschneiden. Nun beginnt die Ausarbeitung der **Griffe:** Dazu nach ca. einem Drittel der Seitenfläche 18 Luftmaschen häkeln. 12 Maschen überspringen (die Luftmaschen sollten jetzt genau mittig über der Seitenfläche sitzen) und mit festen Maschen weiterhäkeln. Auf der anderen Seite genauso verfahren. In der nächsten Runde feste Maschen arbeiten, auch in die Luftmaschenketten feste Maschen häkeln. Dabei immer die letzte Masche vor dem Griff und die 1. Masche nach dem Griff überspringen. In der Schlussrunde wieder feste Maschen häkeln, aber diesmal *um* die Griffe 20 feste Maschen dicht an dicht arbeiten. Am Ende der Runde mit 1 Kettmasche die Arbeit beenden. Den Schlussfaden im Gewebe vernähen.

Handtasche mit Knöpfen

Die Tasche wird aus festen Maschen gehäkelt und besteht im Grunde nur aus 2 Teilen: einem Hauptteil, das die Vorderseite, den Boden, die Rückseite und die Klappe der Tasche bildet, und einem schmalen Teil für die Seiten und den Griff. Geschlossen wird die Tasche ganz einfach mit Knopf und Knopfloch. Der besondere Clou liegt darin, dass die gesamte Tasche mit einer Vielzahl von Knöpfen verziert wird. So können nur Eingeweihte wissen, welcher Knopf der eigentliche Verschlussknopf ist.

■ Material
Bast „Viva" von Anchor, 150 g in Schwarz. 1 Knopf, ∅ ca. 2,5 cm, für den Verschluss und ca. 40 Knöpfe zur Dekoration. Häkelnadel Nr. 5.

Anleitung
Seitenteil und Griff: 15 Luftmaschen anschlagen.
1. Reihe: Feste Maschen häkeln.
2.–3. Reihe: Für die Abnahmen nach der Wendeluftmasche erst in die 2. Masche einstechen, mit festen Maschen weiterarbeiten.
4.–5. Reihe: Feste Maschen häkeln.
6.–7. Reihe: Wie 2. Reihe.
8.–9. Reihe: Feste Maschen häkeln.
10.–11. Reihe: Wie 2. Reihe.
12.–13. Reihe: Feste Maschen häkeln.

14.–15. Reihe: Wie 2. Reihe.
16.–59. Reihe: Feste Maschen häkeln.
60.–61. Reihe: Feste Maschen häkeln, für die Zunahmen in die letzte Masche 2 feste Maschen arbeiten.
62.–63. Reihe: Feste Maschen häkeln.
64.–65. Reihe: Wie 60. Reihe.
66.–67. Reihe: Feste Maschen häkeln.
68.–69. Reihe: Wie 60. Reihe.
70.–71. Reihe: Feste Maschen häkeln.
72.–73. Reihe: Wie 60. Reihe.
74.–75. Reihe: Feste Maschen häkeln.

Hauptteil: 25 Luftmaschen anschlagen. 62 Reihen mit festen Maschen gerade hoch häkeln.
63. Reihe: In die ersten 11 Maschen feste Maschen häkeln, dann 3 Luftmaschen für das Knopfloch häkeln, 3 Maschen überspringen und wieder 11 feste Maschen häkeln.
64. Reihe: Feste Maschen häkeln, auch in die Luftmaschen der Vorreihe.
65.–66. Reihe: Feste Maschen häkeln.
Jetzt in einem Arbeitsgang die Klappe umhäkeln und die Seitenteile mit dem Hauptteil zusammenhäkeln: Begonnen wird an der

17. Reihe des Seitenteils, das Sie mit dem Hauptteil an der linken oberen Ecke der späteren Vorderseite verbinden. Umhäkeln Sie die gesamte linke Seite. Sind Sie auf der anderen Seite des Seitenteils wieder auf der gleichen Höhe (17. Reihe) angelangt, wird im direkten Übergang die Klappe umhäkelt (Ende der Klappe nach 16 Reihen). Anschließend im direkten Übergang das Seitenteil (Beginn: 17. Reihe vor Seitenteil-Ende) auf der anderen Taschenseite mit der Rückseite der späteren Tasche verbinden. Ist man wieder an der rechten oberen Ecke der Taschenvorderseite angelangt, wird die Runde mit 1 Kettmasche geschlossen. Anschließend den Griff oben zusammenklappen und über die ganze Länge so zusammenhäkeln, dass die Naht nach oben schaut und ein wulstiger Griff entsteht. Fäden mit einer dicken Stopfnadel vernähen. 1 Verschlussknopf hinter das Knopfloch nähen, die restlichen Knöpfe auf der ganzen Tasche verteilen.

Sie sollten aber auch nicht zu viele Knöpfe aufnähen.

Muff

Der Muff besteht aus einem wuscheligen Futter, das etwas breiter ist als das Vorderteil und daher an den Seiten hervorblitzt. Das Außenteil wird ebenso wie das Futter gerade hoch gehäkelt, allerdings wird die Naht in der Mitte nicht ganz geschlossen. In dieses offene Stück wird eine Tasche eingehäkelt, in der ein kleines Mäuschen seinen Platz findet. Um die Maus zu fertigen, muss man etwas Geduld mitbringen. Wem die Arbeit am Mäuschen zu kompliziert ist, der kann die Maus auch einfach weglassen oder durch ein fertiges Kuscheltier ersetzen.

■ Material
Wolle „Boston" von Schachenmayr (70 % Polyacryl, 30 % Schurwolle), 150 g in Hellblau (55). „Merino" (100 % Schurwolle), 50 g in Rot (31), 50 g in Royal (51). „Mirage" (50 % Schurwolle, 50 % Polyamid), 100 g in Flamingo (33). Wenig Füllwatte. 1 kleine Perle. Häkelnadeln Nr. 4 und 7.

Anleitung
Futter in Flamingo / „Mirage"
(Häkelnadel Nr. 7): 40 Luftmaschen anschlagen. 42 Reihen mit festen Maschen gerade hoch häkeln. Am Ende der 42. Reihe 1 Wendeluftmasche häkeln, das gehäkelte Teil zusammenklappen (in Häkelrichtung) und die Kanten zusammenhäkeln.

Außenteil in Hellblau / „Boston"
(Häkelnadel Nr. 7): 30 Luftmaschen anschlagen. 46 Reihen mit festen Maschen gerade hoch häkeln. Am Ende der 46. Reihe 1 Wendeluftmasche häkeln und die Kanten über 9 Maschen zusammenhäkeln, dann eine Lücke von 12 Maschen für die Tasche offen lassen und weitere 9 Maschen zusammenhäkeln.

Maus in Royal / „Merino" (Häkelnadel Nr. 4):
Vorderteil: 10 Luftmaschen anschlagen.
1.–10. Reihe: Feste Maschen gerade hoch häkeln.
11. Reihe: 3 feste Maschen häkeln, 4 Luftmaschen und 1 Wendeluftmasche arbeiten, dann 4 feste Maschen in die Luftmaschen häkeln (= Pfötchen). Am Vorderteil mit 4 festen Maschen weiterhäkeln. Das 2. Pfötchen genauso wie das vorige häkeln und wieder 3 feste Maschen häkeln.
12. Reihe: Feste Maschen häkeln. Pfötchen dabei einfach überspringen und beide auf eine Seite schauen lassen.
13.–18. Reihe: Für die Abnahmen nach der Wendeluftmasche erst in die 2. Masche einstechen, dann mit festen Maschen weiterarbeiten.
Rückenteil: 10 Luftmaschen anschlagen.
1.–2. Reihe: Feste Maschen häkeln.
3. Reihe: 5 feste Maschen häkeln, dann 30 Luftmaschen

sowie 1 Wendeluftmasche arbeiten und 30 feste Maschen in die Luftmaschen häkeln (= Schwänzchen). Am Rückenteil mit 5 festen Maschen weiterhäkeln.
4. Reihe: Feste Maschen häkeln, Schwänzchen überspringen und auf eine Seite hängen lassen.
5.–12. Reihe: Feste Maschen häkeln.
13.–18. Reihe: Wie das Vorderteil arbeiten.
Die beiden Teile links auf links legen (Pfötchen und Schwänzchen liegen außen), mit etwas Füllwatte ausstopfen und zusammenhäkeln.
Wenn man den Kopf erreicht hat, an den beiden Ecken 2 Öhrchen mit anhäkeln: 4 Luftmaschen arbeiten und 5 Doppelstäbchen in die letzte feste Masche der vorletzten Reihe des Vorderteils häkeln. Alle Doppelstäbchen zusammen abmaschen. In die nächste Masche 1 Kettmasche arbeiten und dann bis zum nächsten Ohr mit festen Maschen weiterarbeiten.
Das andere Ohr ebenso fertigen. Mit festen Maschen weiterarbeiten, bis die ganze Maus zusammengehäkelt ist. Die Runde mit 1 Kettmasche schließen.
Über die Pfötchen das Gesicht der Maus arbeiten: 2 kleine Augen aufsticken (in Rot / „Merino"), 1 Perle als Nase aufnähen und neben der Nase einige Barthaare anknüpfen.

Tasche in Rot / „Merino" (Häkelnadel Nr. 4): Die Tasche wird in die Öffnung der hellblauen Außenform eingehäkelt.

Am Anfang der Naht mit festen Maschen beginnen. Es wird in Runden gearbeitet.

Beachten Sie, dass das Material der Außenform wesentlich dicker ist als das der Tasche. Deshalb in jede hellblaue Masche zweimal einstechen. Insgesamt 18 Runden mit festen Maschen gerade hoch arbeiten.

Am Ende der 18. Runde 1 Wendeluftmasche arbeiten, Tasche flach zusammenklappen und von außen zusammenhäkeln. Dabei nach 3 Maschen den Mäuseschwanz fassen und mit einhäkeln.

Fäden vernähen und die Außenform an den beiden Kanten mit hellblauer Wolle an das Futter nähen.

Band in Hellblau / „Boston" (Häkelnadel Nr. 7): 100 Luftmaschen anschlagen, 2 Reihen feste Maschen auf die Luftmaschen häkeln. Das Band so im Futter festnähen, dass sich das Täschchen im oberen Drittel des Muffs befindet.

Maus so in die Tasche setzen, dass sie alles sehen kann.

Brustbeutel

Besonders lustig ist die Schnauze des Hundes, die plastisch
nach vorn steht. Sie wird in
Runden gearbeitet, mit etwas
Füllwatte ausgestopft und auf
den Brustbeutel aufgenäht. Die
Augen sind 2 Knöpfe, die mit
schwarzem Garn aufgenäht werden. In einem Arbeitsgang
werden die Luftmaschen für das
Band gearbeitet und die Beutel-
teile zusammengehäkelt. Die
Ohren sind doppelt gearbeitet.
Sie werden direkt an den Beutel
angehäkelt und anschließend
zusammengehäkelt.

■ Material

Baumwollgarn „Lyric 8/8" von
Coats, 50 g in Orange (537), 50 g
in Rot (508) und 50 g in Rost
(565). Wolle „Da Capo" von
Schachenmayr (85 % Polyacryl,
15 % Polyamid), 50 g in Burgund
(32). 2 Knöpfe für die Augen.
Rest schwarzes Garn. Etwas
Füllwatte. Häkelnadel
Nr. 4.

Anleitung

Beutel: 25 Luft-
maschen in Rost/
„Lyric 8/8" anschlagen.
1.–2. Reihe: Feste Ma-
schen häkeln.
3.–4. Reihe: Feste Maschen
häkeln. Für eine leichte Zunahme in die letzte Masche 2 feste
Maschen häkeln.
5.–10. Reihe: Mit festen Maschen gerade hoch häkeln.

11.–14. Reihe: Für die Abnahmen nach der Wendeluft-
masche erst in die 2. Masche
einstechen und mit festen Maschen weiterhäkeln.
15.–18. Reihe: Nach der Wendeluftmasche 1 Masche überspringen, mit festen Maschen
weiterhäkeln, die letzte Masche
nicht häkeln.
19.–20. Reihe: Nach der Wendeluftmasche 1 Masche überspringen, mit festen Maschen
weiterhäkeln, die letzten 2 Maschen nicht häkeln.
Das 2. Taschenteil ebenso
häkeln.

**Band und Zusammenhäkeln des
Beutels:** Für das Band 110
Luftmaschen in Rost anschlagen
und direkt im Anschluss die
2 Teile des Beutels mit festen
Maschen zusammenhäkeln. Danach eine 2. Reihe mit Kettmaschen auf die Luftmaschenkette häkeln. Achten Sie

darauf, dass die Luftmaschenkette nicht verdreht ist.

Außenohr: Die Außenohren werden in Rost direkt an die Seite
des Beutels gehäkelt.
1. Reihe: Häkeln Sie in die ersten 3 Maschen des Beutelrands
feste Maschen. Stechen Sie dabei immer nur in die hintere
Schlinge der festen Maschen ein.
(In die vorderen Schlingen
wird später für das vordere Teil
der Ohren eingestochen.)
2. Reihe: 1 Wendeluftmasche
und feste Maschen arbeiten. In
die letzte Masche 2 feste Maschen und dann direkt 7 Luftmaschen häkeln.
3. Reihe: 1 Wendeluftmasche
arbeiten und 7 feste Maschen in
die 7 Luftmaschen der Vorreihe
häkeln, mit festen Maschen weiterarbeiten.
4. Reihe: Nach der Wendeluftmasche 1 Masche überspringen,
mit festen Maschen weiterarbeiten. In die letzte Masche 2
feste Maschen häkeln.
5. Reihe: 1 Wendeluftmasche
und feste Maschen häkeln.
6. Reihe: Nach der Wendeluftmasche 1 Masche überspringen,
mit festen Maschen weiterhäkeln.
7.–8. Reihe: Nach der Wendeluftmasche 1 Masche
überspringen, mit festen
Maschen weiterhäkeln.
Die letzte Masche wird
nicht gehäkelt.
Das 2. Außenohr ebenso arbeiten.

Für diese Tasche finden sich bestimmt viele Liebhaber.

Innenohr: An dieselben 3 Maschen mit Rot / „Lyric 8 / 8" anhäkeln wie für das Außenohr, aber diesmal in die vorderen Schlingen der festen Maschen einstechen. Die Innenohren sind etwas kleiner, damit sich später die Ohren leicht nach vorne wölben.

1. Reihe: 3 feste Maschen anhäkeln.

2. Reihe: 1 Wendeluftmasche arbeiten und mit festen Maschen weiterhäkeln. In die letzte Masche 2 feste Maschen arbeiten und dann 6 Luftmaschen häkeln.

3. Reihe: 1 Wendeluftmasche arbeiten und auf die 6 Luftmaschen der Vorreihe 6 feste Maschen häkeln, mit festen Maschen weiterhäkeln.

4. Reihe: Nach der Wendeluftmasche 1 Masche überspringen, mit festen Maschen weiterhäkeln, in die letzte Masche 2 feste Maschen arbeiten.

5. Reihe: 1 Wendeluftmasche und feste Maschen häkeln.

6. Reihe: Nach der Wendeluftmasche 1 Masche überspringen, mit festen Maschen weiterhäkeln.

7. Reihe: Nach der Wendeluftmasche 1 Masche überspringen, mit festen Maschen weiterhäkeln, die letzte Masche nicht häkeln.

Nun die Ohren mit rostfarbenem Garn zusammenhäkeln. Dabei an den Rundungen z. T. 2 feste Maschen in 1 Loch häkeln. Fäden vernähen.

Schnauze: 2 Luftmaschen in Orange / „Lyric 8 / 8" anschlagen.

1. Runde: In die 1. Luftmasche 6 feste Maschen häkeln.

2. Runde: Mit festen Maschen spiralförmig weiterhäkeln. Die Runde mit 1 Kettmasche schließen.

3. Runde (Farbwechsel zu Burgund / „Da Capo"): Jede Masche verdoppeln, d. h. in jede Masche 2 feste Maschen häkeln.

4. Runde: Jede 2. Masche verdoppeln, d. h. in jede 1. Masche 1 feste Masche und in jede 2. Masche 2 feste Maschen häkeln.

5. Runde: Jede 3. Masche verdoppeln.

6. Runde: Jede 4. Masche verdoppeln.

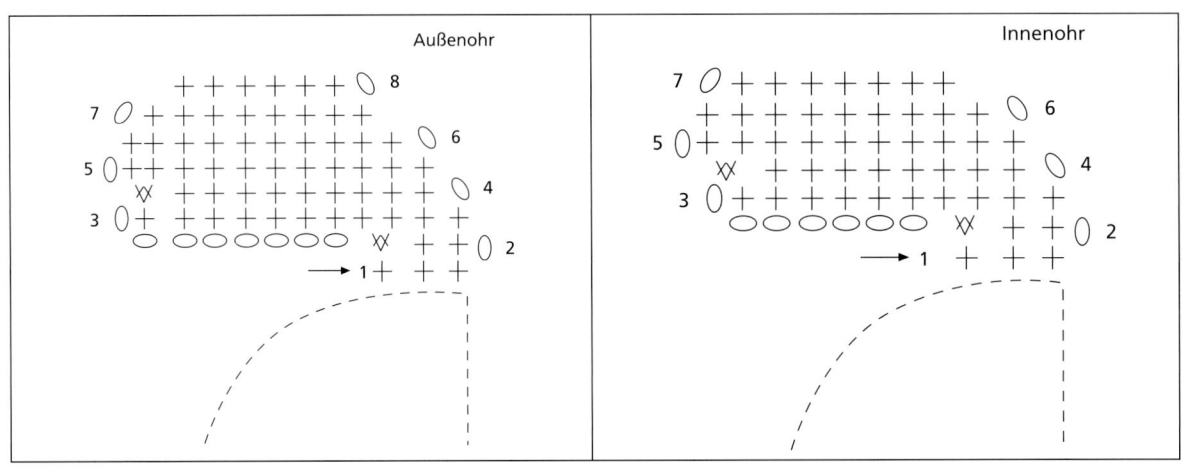

7. Runde: Ab jetzt wird asymmetrisch immer zu Beginn einer Runde zugenommen, um die Schnauzenform zu bilden. Hierfür in die 1. Masche 2 feste Maschen arbeiten, mit festen Maschen weiterhäkeln.

8. Runde: In die 1. und 3. Masche 2 feste Maschen arbeiten, in die übrigen Maschen je 1 feste Masche häkeln.

9. Runde: In die 2. Masche 2 feste Maschen arbeiten, in die übrigen Maschen je 1 feste Masche häkeln.

10. Runde: In die 1. und 4. Masche 2 feste Maschen arbeiten, in die übrigen Maschen je 1 feste Masche häkeln.

11. Runde: In die 3. Masche 2 feste Maschen häkeln, in die übrigen Maschen je 1 feste Masche häkeln.

12. Runde: In die 1. und 6. Masche 2 feste Maschen häkeln, in die übrigen Maschen je 1 feste Masche häkeln.

13. Runde: In die 4. Masche 2 feste Maschen häkeln, in die übrigen Maschen je 1 feste Masche häkeln.

Runde mit 1 Kettmasche beenden.

Einen längeren Faden stehen lassen und mit diesem die Schnauze, nachdem sie mit Füllwatte ausgestopft wurde, mittig auf das Vorderteil des Beutels nähen. 2 helle Knöpfe mit schwarzem Garn als Augen aufnähen. Barthaare aus rotem Garn anknüpfen.

Schultertuch

Dieses Tuch ist ausgesprochen einfach herzustellen, aber aufgrund des Webeffektes errät kaum jemand, wie es wirklich gemacht ist.

Zuerst wird ein Gitter aus Baumwolle gehäkelt. Das Gittermuster entspricht dem Grundmuster der Filethäkelei: Häkeln Sie abwechselnd 1 Stäbchen und 1 Luftmasche. Die „Gitterstäbe" haben dieselbe Funktion wie die Kettfäden eines Webrahmens. Durch sie werden anschließend die „Schussfäden" – einfache Luftmaschenketten aus dicken Wollfäden – hindurchgeführt.

Bei den Luftmaschenketten können auch Kinder helfen.

▪ Material

Baumwollgarn „Lyric 8/4" von Coats, 200 g in Dunkelblau (529). Wolle „Boston" von Schachenmayr (70 % Polyacryl, 30 % Schurwolle), 100 g in Linde (75), 100 g in Kürbis (26), 100 g in Mango (28), 100 g in Weinrot (31) und 100 g in Mint (56). Häkelnadeln Nr. 3,5 und 7.

Farbfolge der „Schussfäden"

Mango, Linde, Weinrot, Mint, Kürbis

Anleitung

Gitter aus dunkelblauem Baumwollgarn (Häkelnadel Nr. 3,5):

60 Luftmaschen anschlagen.
1. Reihe: 4 Luftmaschen (3 Luftmaschen als Ersatz für das 1. Stäbchen) häkeln, 1 Luftmasche der Anschlagreihe überspringen, 1 Stäbchen arbeiten (in die sechstletzte Luftmasche), 1 Luftmasche häkeln, 1 Luftmasche der Anschlagreihe überspringen usw. Die Reihe wird mit 1 Stäbchen beendet.
2. Reihe: Wieder 4 Wendelluftmaschen arbeiten, die Luftmasche der Vorreihe überspringen, 1 Stäbchen in das Stäbchen der Vorreihe häkeln usw. Stäbchen werden immer auf die Stäbchen gehäkelt, das letzte Stäbchen wird immer um die 4 Wendelluftmaschen des Anfangs gearbeitet.

Insgesamt 180 Reihen auf diese Weise arbeiten. Fäden vernähen.

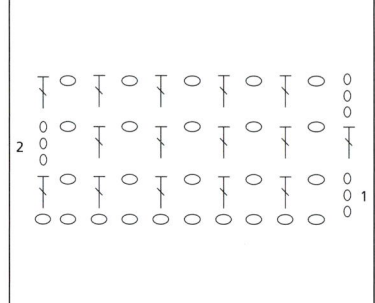

Luftmaschenketten aus Wolle (Häkelnadel Nr. 7):

In jeder Farbe werden 6 Luftmaschenketten gearbeitet. Pro Kette häkeln Sie 320 Luftmaschen. Wem das Zählen zu mühsam ist, der häkelt einfach Luftmaschenketten in einer Länge von 2,70 m. Die Wollenden der Luftmaschenketten in eine dicke Stopfnadel einfädeln und mit Hilfe der Stopfnadel die „Schussfäden" in der angegebenen Farbfolge (siehe linke Spalte) in Längsrichtung in das Gitter einweben. Die Luftmaschenketten werden wie in einem echten Gewebe versetzt zueinander eingezogen. Auf jeder Seite des Tuches gleich lange Fransen stehen lassen. Ganz zum Schluss werden die hängenden Fäden mit 2 Knoten versäubert: Bilden Sie 1 Knoten am Faden, um das Fadenende zu sichern, und den 2. Knoten mit der ganzen Luftmaschenkette, sodass ein kleiner Knubbel entsteht.

Stiftemäppchen

Das Mäppchen besteht aus 2 runden Seitenteilen und einem Hauptteil, das eine kleine Klappe mit Knopfloch hat. Als Knopf dient ein umhäkelter Schraubverschluss aus Metall. Zum Schluss werden 2 Pompons auf die Seitenteile genäht und viele Stäbchenbüschel, die einzeln gehäkelt werden, in das Hauptteil eingeknotet. Gehäkelt wird mit festen Maschen.

■ Material

Baumwollgarn „Lyric 8/4" von Coats, 50 g in Weiß (500), 50 g in Hellblau (510), 50 g in Rot (508) und 50 g in Grasgrün (512). Metallschraubverschluss (z. B. Ketchup-Deckel), ∅ ca. 4 cm. 2 Pappscheiben mit Loch für die Pompons (∅ ca. 6 cm, Loch ∅ ca. 2 cm). Häkelnadel Nr. 3.

Anleitung

Seitenteile in Grasgrün: 2 Luftmaschen anschlagen.

1. Runde: In die 1. Luftmasche 5 feste Maschen häkeln.

2. Runde: Mit festen Maschen spiralförmig weiterhäkeln, wobei jede Masche verdoppelt wird, d. h. in jede Masche 2 feste Maschen arbeiten.

3. Runde: Jede 2. Masche verdoppeln, d. h. in jede 1. Masche 1 feste Masche und in jede 2. Masche 2 feste Maschen häkeln.

4. Runde: Jede 3. Masche verdoppeln usw.

Auf die gleiche Weise weiter zu-

nehmen, bis insgesamt 11 Runden gehäkelt sind. Es sollten nun 55 Maschen sein. Das 2. Seitenteil genauso arbeiten.

Hauptteil in Rot: 50 Luftmaschen anschlagen.

1.–55. Reihe: Mit festen Maschen gerade hoch häkeln.

56. Reihe: Faden abschneiden und mit den Abnahmen für die Klappe beginnen. Dafür in der 6. Masche neu beginnen. Insgesamt 40 feste Maschen häkeln (also an jedem Ende der Reihe 5 Maschen stehen lassen).

57. Reihe: Für die Abnahmen nach der Wendeluftmasche erst in die 2. Masche einstechen, mit festen Maschen weiterhäkeln. Die letzten 4 Maschen nicht häkeln.

58. Reihe: Nach der Wendeluftmasche 1 Masche überspringen, mit festen Maschen weiterhäkeln. Die letzten 3 Maschen nicht häkeln.

59.–60. Reihe: Wieder nach der Wendeluftmasche die 1. Masche überspringen, feste Maschen arbeiten und die letzten 2 Maschen nicht häkeln.

61. Reihe: Nach der Wendeluftmasche die 1. Masche überspringen, 7 feste Maschen arbeiten und dann für das Knopfloch 10 Luftmaschen häkeln. 10 Maschen überspringen und 6 feste Maschen häkeln. Die letzte Masche nicht häkeln.

62. Reihe: Nach der Wendeluftmasche die 1. Masche überspringen, feste Maschen arbei-

ten, auch in die 10 Luftmaschen der Vorreihe. Die letzte Masche nicht häkeln.

63.–66. Reihe: Nach der Wendeluftmasche die 1. Masche überspringen, nur feste Maschen häkeln.

67.–68. Reihe: Nach der Wendeluftmasche die 1. Masche überspringen, feste Maschen arbeiten, die letzte Masche nicht häkeln.

69.–70. Reihe: Nach der Wendeluftmasche die 1. Masche überspringen, feste Maschen häkeln, die letzten 2 Maschen nicht häkeln. Faden abschneiden. Die beiden Querkanten von außen mit einer Reihe fester Maschen in Blau umhäkeln. Anschließend die Seitenteile und das Hauptteil mit grünem Garn zusammenhäkeln. Dabei darauf achten, dass sich die beiden Kanten des Hauptteils um 3 Maschen überlappen, d. h. die 3 ersten und die 3 letzten Maschen an der Seite des Hauptteils liegen übereinander und werden doppelt mit dem Seitenteil verhäkelt.

Knopf in Weiß: 2 Luftmaschen anschlagen.

1. Runde: In die 1. Luftmasche 5 feste Maschen häkeln.

2. Runde: Mit festen Maschen spiralförmig weiterhäkeln, wobei jede Masche verdoppelt wird, d. h. in jede Masche 2 feste Maschen häkeln.

3. Runde: Jede 2. Masche verdoppeln, d. h. in jede 1. Masche 1 feste Masche und in jede 2.

Masche 2 feste Maschen häkeln.
4. Runde: Jede 3. Masche verdoppeln usw.
5.–6. Runde: Auf diese Weise weiter zunehmen, bis insgesamt 6 Runden gehäkelt sind.
7.–9. Runde: Ohne Zunahmen mit festen Maschen weiterhäkeln.
10. Runde: Den Deckel auf die linke Seite des Häkelkreises legen und einhäkeln. Dafür mit festen Maschen weiterhäkeln und jede 3. und 4. Masche zusammen abmaschen.
11.–12. Runde: Mit festen Maschen weiterhäkeln, dabei jede

2. und 3. Masche zusammen abmaschen.
13. Runde: Feste Maschen häkeln, dabei jede 1. und 2. Masche zusammen abmaschen. Runde mit 1 Kettmasche schließen.
Einen langen Faden stehen lassen und den Knopf unter das Knopfloch nähen.
Fäden vernähen.
2 hellblaue Pompons mit einem Durchmesser von ca. 4 cm herstellen (siehe Seite 13). Je einen langen Faden hängen lassen und die Pompons mit diesem Faden jeweils in die Mitte einer grünen Seitenfläche nähen.

Stäbchenbüschel in Weiß (ca. 30 Stück): 3 Luftmaschen anschlagen, in die 1. Luftmasche 5 halb abgemaschte Stäbchen häkeln, die alle zusammen mit der letzten Luftmasche abgemascht werden (also Faden durch 6 Schlingen ziehen).
1 Luftmasche häkeln. Die beiden Fadenenden eines Stäbchenbüschels in das Hauptteil hineinziehen (Stäbchenbüschel liegt hochkant, zwischen den Fäden liegen 2 feste Maschen aus 2 Reihen des Hauptteils) und auf der Innenseite doppelt verknoten.
Fäden nicht zu kurz abschneiden.

Haarklammer und Haargummi

An die beiden Haarklammern wird jeweils eine kleine Blume in Gelb und Pink genäht.
Das Haargummi wird mit einer größeren Blume verziert, die etwas mehr Volumen hat, weil sie mit Füllwatte leicht ausgestopft wird.

■ Material
Baumwollgarn „Floretta uni" von Coats, Stärke 10, 25 g in Gelb (4403) und 25 g in Pink (4412). 1 Haargummi. 2 Haarklammern. Wenig Füllwatte. Häkelnadel Nr. 1,25.

Anleitung
Große Blume: 2 Luftmaschen in Pink anschlagen.
1. Runde: In die 1. Luftmasche 5 feste Maschen häkeln.
2. Runde: Mit festen Maschen spiralförmig direkt weiterhäkeln. Allerdings jede Masche verdoppeln, d. h. in jede Masche der Vorrunde 2 feste Maschen häkeln.
3. Runde: Jede 2. Masche verdoppeln, d. h. in jede 1. Masche 1 feste Masche häkeln, in jede 2. Masche 2 feste Maschen arbeiten.
4. Runde: Jede 3. Masche ver-

doppeln usw. Auf diese Weise weiter zunehmen, bis insgesamt 8 Runden gehäkelt sind.
9. Runde: Feste Maschen häkeln, ohne Zunahme.
Einen 2. Kreis genauso häkeln. Die 2 Kreise links auf links legen, mit etwas Füllwatte ausstopfen und rundum mit Pink zusammenhäkeln. Runde mit 1 Kettmasche schließen.
Die Blütenblätter werden mit gelbem Garn angehäkelt: 1 feste Masche arbeiten, * 20 Luftmaschen häkeln, in die nächste Masche des Kreises 1 feste Masche arbeiten. Ab * bis zum Ende der Runde wiederholen.

tenblätter in Pink gehäkelt. * 3 Luftmaschen häkeln, in die Kettmasche der Vorrunde (bei den nächsten Blütenblättern jeweils in die feste Masche der Vorrunde) 6 halb abgemaschte Stäbchen häkeln, die zusammen mit den Luftmaschen zu einem Büschel abgemascht werden (Faden durch 7 Schlingen ziehen). In die nächste Masche 1 Kettmasche arbeiten. In die darauf folgende Masche 1 feste Masche arbeiten. Ab * noch

siebenmal wiederholen. Die Runde mit 1 Kettmasche schließen. Fäden vernähen. Die Blume mit gelbem Garn an 2 Punkten der Haarklammer festnähen. Die 2. Haarklammer ebenso arbeiten.

Runde mit 1 Kettmasche schließen. Fäden vernähen und Gummi in der Mitte des unteren Kreises mit pinkfarbenem Garn festnähen.

Kleine Blume: 2 Luftmaschen in Gelb anschlagen.

1. Runde: In die 1. Luftmasche 5 feste Maschen häkeln.

2. Runde: Im Kreis spiralförmig direkt weiterhäkeln. Jede Masche verdoppeln, d. h. in jede Masche der Vorrunde 2 feste Maschen häkeln.

3. Runde: Jede 2. Masche verdoppeln, d. h. in jede 1. Masche 1 feste Masche, in jede 2. Masche 2 feste Maschen häkeln. Die vorletzte und letzte Masche der Vorrunde werden beide verdoppelt, sodass der Kreis nun aus insgesamt 16 Maschen besteht.

4. Runde: Feste Maschen häkeln, ohne Zunahme. Runde mit 1 Kettmasche schließen.

5. Runde: Nun werden die Blü-

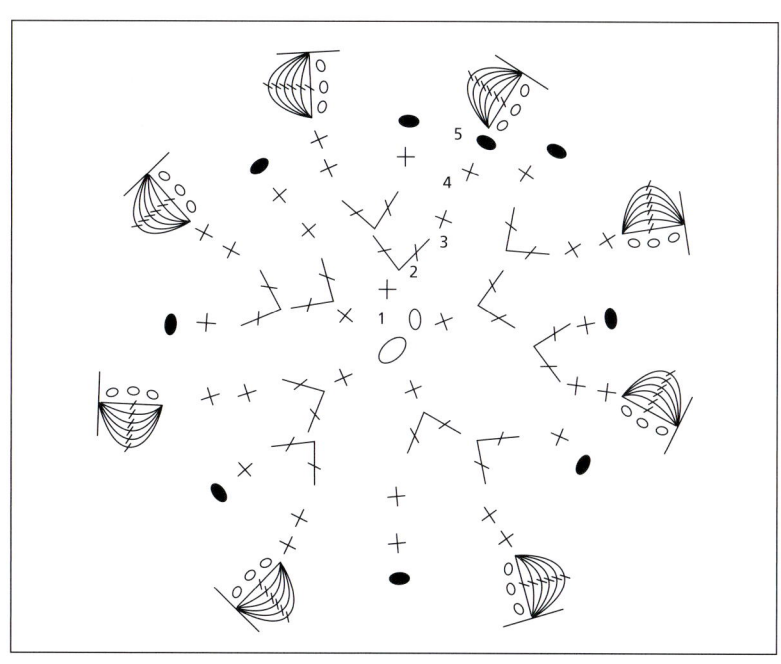

Boa

Diese Boa wird wieder über die gesamte Schallänge, d.h. über 348 Maschen, gearbeitet. Sie besteht nur aus insgesamt 10 Reihen. Gehäkelt werden immer abwechselnd 1 Reihe feste Maschen und 1 Reihe Luftmaschenschlaufen, die dem schmalen Schal später sein wärmendes Volumen geben. Ein schöner Effekt entsteht dadurch, dass sich der Schal von alleine spiralförmig eindreht. Und falls Ihnen mal ein Fehler unterlaufen sollte: Der ist bei dieser wuscheligen Häkelei im Nachhinein garantiert nicht mehr zu erkennen!

■ **Material**

Wolle „Universa" von Schachenmayr (55 % Schurwolle, 45 % Polyacryl), 50 g in Gold (22), 50 g in Orange (29), 50 g in Rot (31), 50 g in Kirsche (32) und 50 g in Cyclam (47). Häkelnadel Nr. 4.

Farbfolge

Gold, Orange, Rot, Kirsche, Cyclam

Dieser Schal ist sehr vielseitig.

Anleitung

348 Luftmaschen in Gold anschlagen.

1. Reihe: Nur feste Maschen arbeiten.

2. Reihe: * 25 Luftmaschen häkeln, 2 Maschen der Vorreihe überspringen, 1 feste Masche arbeiten. Ab * wiederholen. Die Reihe endet mit 1 festen Masche.

3. Reihe: Feste Maschen in die übersprungenen Maschen der 1. Reihe und die festen Maschen der Vorreihe häkeln. Dabei darauf achten, dass die Luftmaschenschlaufen immer auf derselben Seite hängen.

4. Reihe (Farbwechsel zu Orange): Wie 2. Reihe.

5. Reihe: Wie 3. Reihe.

6. Reihe (Farbwechsel zu Rot): Wie 2. Reihe.

In der gleichen Weise weiterarbeiten. Der Farbwechsel findet immer nach 2 Reihen statt, also immer nach der Reihe mit den festen Maschen. Zum Schluss die Fadenenden, die noch nicht eingehäkelt wurden, mit einer Stopfnadel vernähen.

Tasche aus Plastikstreifen

Diese Tasche hat die Form einer Plastiktüte. Und sie ist bezeichnenderweise auch aus einer solchen gemacht: Plastiktüten wurden in Streifen geschnitten und mit dünnem Baumwollgarn umhäkelt. Das Muster besteht aus abwechselnd festen Maschen und Luftmaschen, die Reihe für Reihe versetzt gearbeitet werden. So bleibt der mitgeführte Plastikstreifen gut sichtbar. Um die Plastikstreifen herzustellen, schneiden Sie die Tüten zunächst an den Seiten auf und dann der Länge nach in Streifen. Alle so hergestellten Streifen werden in Längsrichtung zusammengefaltet bzw. zusammengedrückt und aneinander geknotet (am besten bunt durchmischt). Beim Häkeln sollten die Knoten alle auf einer Seite liegen. Die Griffe der Tasche sind Plastiktragegriffe, die man in der Haushaltsabteilung eines Kaufhauses oder im Baumarkt für den Transport sperriger Gegenstände erhält. Die Griffe werden einfach in die Häkelarbeit eingehakt.

■ Material

Baumwollgarn „Floretta ombré" von Coats, Stärke 10, 75 g in Pink-Meliert (4493). Ca. 10 verschiedenfarbige Tüten aus dickerem Plastik. Plastiktragegriffe für Sperrgut oder Kartons. Häkelnadel Nr. 2.

Anleitung

100 Luftmaschen anschlagen.
1. Reihe: Ab jetzt wird der Plastikstreifen mitgeführt. Er liegt immer vor der Arbeit und die festen Maschen werden um den Streifen herum gearbeitet. Nach der Wendeluftmasche 1 feste Masche um den Streifen arbeiten, dann abwechselnd 1 Luftmasche häkeln, 1 Masche der Vorreihe überspringen und 1 feste Masche häkeln.
Insgesamt 85 Reihen in diesem Muster häkeln. Dabei in jeder Reihe versetzt arbeiten, sodass die festen Maschen immer *um* die Luftmaschen der Vorreihe und die Luftmaschen immer über den festen Maschen der Vorreihe gehäkelt werden. Überprüfen Sie gelegentlich, ob Sie immer dieselbe Maschenzahl beibehalten.
Ziehen Sie den Plastikstreifen nicht zu straff, sondern führen Sie ihn eher locker mit. Die am Reihenende überstehenden Schlaufen liegen später unsichtbar im Innern der Tasche. Nach Abschluss der Häkelarbeit das Teil mittig falten und die Seiten der so entstandenen Tasche zusammennähen (Knoten der Plastikstreifen liegen außen). Tasche auf rechts drehen und die Griffe unterhalb der obersten Reihe mittig einhaken.

Gestreifte Umhängetasche

Für diese Umhängetasche häkeln Sie ein Stück aus festen Maschen, das Sie anschließend an den Seiten sowie am Boden zusammennähen. Der Verschluss besteht aus einem Schlitz und einer Zunge, wobei die Zunge zusätzlich durch einen Druckknopf gesichert wird. Die beiden Träger bilden die Verlängerung der Umrandung an der Oberkante. Der Farbwechsel erfolgt immer nach 4 Reihen.

■ Material
Bast „Viva" von Anchor, 100 g in Hellblau, 100 g in Flieder, 100 g in Grün. Druckknopf in Silber, ⌀ 15 mm. Nähgarn. Häkelnadel Nr. 5.

Farbfolge
Hellblau, Flieder, Grün

Anleitung
30 Luftmaschen in Hellblau anschlagen.
1. Reihe: Feste Maschen häkeln. Für die Zunahme in die letzte Masche 2 feste Maschen arbeiten, dann 2 Luftmaschen häkeln.
2.–4. Reihe: 1 Wendeluftmasche arbeiten und 2 feste Maschen in die Luftmaschen der Vorreihe häkeln. Mit festen Maschen weiterhäkeln, in die letzte Masche 2 feste Maschen und dann 2 Luftmaschen arbeiten.
5. Reihe (Farbwechsel zu Flieder): 17 feste Maschen und 8 Luftmaschen für den Schlitz häkeln, 8 Maschen der Vorreihe überspringen, 17 feste Maschen arbeiten. In die letzte Masche 2 feste Maschen häkeln, dann 2 Luftmaschen arbeiten.
6. Reihe: 1 Wendeluftmasche arbeiten und anschließend feste Maschen häkeln, auch in die Luftmaschen der Vorreihe. In die letzte Masche 2 feste Maschen arbeiten, dann 2 Luftmaschen häkeln.
7.–8. Reihe: Feste Maschen häkeln, auch in die beiden Luftmaschen der Vorreihe. In die letzte Masche 2 feste Maschen arbeiten, dann 2 Luftmaschen häkeln.
9. Reihe (Farbwechsel zu Grün): 23 feste Maschen häkeln (inklusive der beiden festen Maschen über den Luftmaschen der Vorreihe), 8 Luftmaschen für den Schlitz häkeln, 8 Maschen der Vorreihe überspringen und wieder 23 feste Maschen arbeiten.
10. Reihe: Feste Maschen arbeiten, auch in die Luftmaschen der Vorreihe.
11.–32. Reihe: Feste Maschen arbeiten, dabei an die Farbwechsel denken!
33. Reihe (Farbwechsel zu Grün): Es wird ganz neu begonnen, und zwar erst ab der 13. Masche. Insgesamt 30 Maschen häkeln (die letzten 12 Maschen nicht häkeln).
34.–56. Reihe: Mit festen Maschen gerade hoch häkeln.
57. Reihe (Farbwechsel zu Grün): Nun auf beiden Seiten die 12 Maschen wieder aufnehmen, d.h. 12 Luftmaschen und 1 Wendeluftmasche arbeiten, feste Maschen in die 12 Luftmaschen häkeln, mit festen Maschen weiterarbeiten und wieder 12 Luftmaschen häkeln.
58. Reihe: 1 Wendeluftmasche arbeiten, 12 feste Maschen in die Luftmaschen der Vorreihe häkeln, mit festen Maschen weiterarbeiten.
59.–80. Reihe: Mit festen Maschen gerade hoch häkeln.

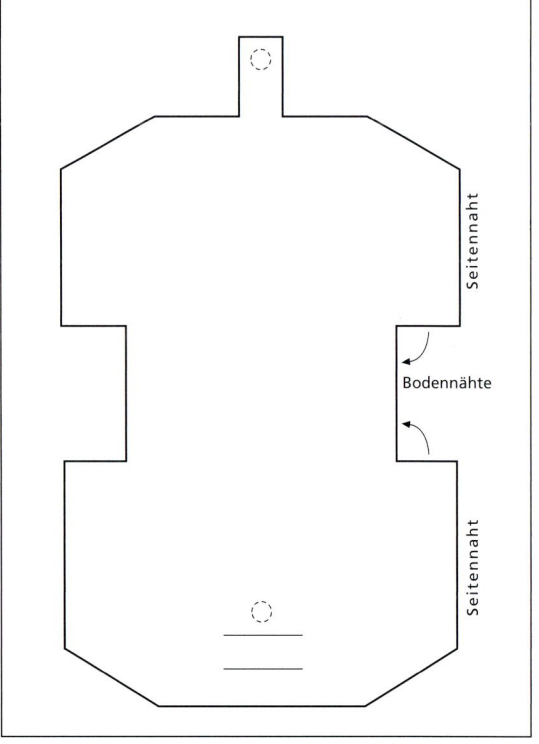

Verschlussriegel in Flieder: Der Riegel wird an der soeben beendeten Taschenseite direkt angehäkelt.

Dafür ab der 12. Masche 8 feste Maschen häkeln.

15 Reihen mit festen Maschen (nur in Flieder) gerade hoch häkeln.

16.–17. Reihe: Nach der Wendeluftmasche erst in die 2. Masche einstechen, dann mit festen Maschen weiterhäkeln. Faden abschneiden. Druckknopf mit Nähgarn unter den Riegel nähen.

Zuerst die Seiten-, dann die Bodennähte in Flieder von innen zusammenhäkeln. Darauf achten, dass die Streifenblöcke aufeinander treffen.

Träger und Umrandung in Flieder: Begonnen wird an einer der seitlichen Schrägen. Häkeln Sie die Umrandung mit festen Maschen. Wenn Sie an der Ecke vor der geraden Oberkante angelangt sind, 70 Luftmaschen häkeln, auf der anderen Seite an der Ecke einstechen und wieder die Umrandung mit festen Maschen häkeln. Den 2. Träger genauso arbeiten. In der 2. Runde feste Maschen häkeln, auch in die Luftmaschen der Griffe. In der 3. Runde feste Maschen in die Maschen der Umrandung häkeln und je 100 feste Maschen um die Griffe herum häkeln. Runde mit 1 Kettmasche schließen. Fadenenden vernähen.

81. Reihe (Farbwechsel zu Grün): Nun wird auf beiden Seiten wieder abgenommen. Faden abschneiden, in der 4. Masche neu einstechen und mit festen Maschen arbeiten. Die letzten 2 Maschen nicht häkeln.

82.–87. Reihe: Nach der Wendeluftmasche erst in die 2. Masche 1 feste Masche häkeln, dann mit festen Maschen weiterarbeiten, die letzten 2 Maschen nicht häkeln.

88. Reihe: Nach der Wendeluftmasche erst in die 2. Masche 1 feste Masche häkeln, mit festen Maschen bis zum Ende der Reihe weiterarbeiten.

Portemonnaie

Das Portemonnaie besteht aus 2 großen Außenfächern für Scheine und Münzen und 2 kleinen Innenschubfächern für Karten.

Die Außentaschen haben Klappen mit Knopflöchern und Knöpfen. Die Innenseite wird mit einem Druckknopf geschlossen. Der besondere Clou des Portemonnaies sind die Knöpfe an den Außenseiten. Vielmehr sind es gar keine Knöpfe, sondern alte europäische Geldmünzen, die umhäkelt werden und auf diese Weise ein besonders augenfälliges Dekor bilden. Das Garn wird doppelt genommen und farblich gemischt. So erhält jede Portemonnaieseite einen anderen melierten Farbton. Gehäkelt wird mit festen Maschen.

■ Material
Baumwollgarn „Floretta" von Coats, Stärke 10, 50 g in Pink (4412), 25 g in Rot (4411), 25 g in Gelb (4404) und 25 g in Orange (4405). 2 Geldstücke, ⌀ ca. 2,5 cm. 1 Druckknopf in Silber, ⌀ 1,5 cm. Häkelnadeln Nr. 2 und 3.

Anleitung
Außenteil in Pink und Rot (Häkelnadel Nr. 3): 50 Luftmaschen anschlagen. 36 Reihen mit festen Maschen gerade hoch häkeln.
Innenteil mit Klappe in Pink und Orange (Häkelnadel Nr. 3): 33 Luftmaschen anschlagen. 26 Reihen mit festen Maschen gerade hoch häkeln.
27.–40. Reihe: Für die Abnahmen an der Klappe nach der Wendeluftmasche erst in die 2. Masche einstechen und mit festen Maschen weiterhäkeln.
41. Reihe: Nach der Wendeluftmasche erst in die 2. Masche einstechen, 5 feste Maschen häkeln, 7 Luftmaschen für das Knopfloch arbeiten, 7 Maschen der Vorreihe überspringen, mit 5 festen Maschen weiterarbeiten. Die letzte Masche nicht häkeln.
42. Reihe: Nach der Wendeluftmasche erst in die 2. Masche einstechen, feste Maschen häkeln, auch in die Luftmaschen der Vorreihe. Die letzte Masche nicht häkeln.

43.–46. Reihe: Nach der Wendeluftmasche erst in die 2. Masche einstechen, feste Maschen arbeiten, die letzte Masche nicht häkeln. Es sollten nun noch 7 Maschen übrig sein.
Nun wird das gegenüberliegende Innenteil direkt an der geraden Anfangsseite dieses Teils angehäkelt. Arbeiten Sie auf die gleiche Weise wie soeben beschrieben ein Gegenstück in den Farben Orange und Rot.
Innenteil für die Kartenfächer in Orange und Gelb (Häkelnadel Nr. 3): 33 Luftmaschen anschlagen. 36 Reihen mit festen Maschen gerade hoch häkeln.
In einer Runde alle 3 Teile mit festen Maschen zusammenhäkeln, dabei auch die beiden Klappen umhäkeln (die hängenden Fäden mit einhäkeln).
Die Teile müssen genau in der Mitte in folgender Reihenfolge übereinander liegen: zuerst das kleine Innenteil,

dann das Innenteil mit Klappen, zuletzt das Außenteil. Häkeln Sie mit Orange und Gelb und beginnen Sie in einer Mitte (Häkelnadel Nr. 3). An den

beiden Ecken einer Klappe jeweils zweimal einstechen, damit eine schöne Rundung entsteht. Sind die Außennähte zusammengehäkelt, wird entlang der zuvor gekennzeichneten Mitte eine Steppnaht durch alle 3 Lagen genäht, um die beiden Portemonnaieseiten voneinander zu trennen. Fadenenden vernähen.

Einhäkeln der Geldstücke mit einfachem Garn (Häkelnadel Nr. 2): Eine Münze wird mit Pink, eine mit Rot umhäkelt.

2 Luftmaschen anschlagen.
1. Reihe: In die 1. Luftmasche 5 feste Maschen häkeln.
2. Reihe: Im Kreis spiralförmig weiterhäkeln und jede Masche verdoppeln, d. h. in jede Masche der Vorreihe 2 feste Maschen häkeln.
3. Reihe: Jede 2. Masche verdoppeln, d. h. in jede 1. Masche 1 feste Masche, in jede 2. Masche 2 feste Maschen häkeln.
4.–6. Reihe: Jede 3. Masche verdoppeln usw., bis insgesamt 6 Reihen gehäkelt sind.

7. Reihe: Ohne Zunahmen, nur mit festen Maschen häkeln.
8. Reihe: Das Geldstück in den Häkelkreis legen. Jede 1. und 2. Masche zusammen abmaschen, sodass die Münze regelrecht festgeklemmt wird. Mit 1 Kettmasche die Runde schließen. Fadenende vernähen, dabei die Münze eventuell noch etwas stärker festzurren. Knöpfe jeweils mit farblich passendem Garn annähen. Den Druckknopf auf der Innenseite annähen.

Pompadour

Der Pompadour ist ein klassisches Häkelsujet, vor allem in Verbindung mit der Perlenhäkelei. Statt Perlen werden hier Nudeln verwendet. Der Boden wird nur mit dunkelrotem Garn gearbeitet. Das Seitenteil ist rotdunkelrot gestreift und wird mit vielen Nudeln bestückt. Geschlossen wird das Säckchen mit 2 gegenläufigen Kordeln, die durch einen Durchzug aus Stäbchen geführt werden. Beim Seitenteil liegt die linke Seite später außen, da bei der Perlenhäkelei die Perlen / Nudeln immer hinter der Arbeit liegen.

■ Material

Baumwollgarn „Coton à Tricoter" von Coats, 50 g in Rot (07) und 50 g in Dunkelrot (36). Kleine Nudeln mit Loch (z. B. Pennettine). Häkelnadel Nr. 3.

Anleitung

Boden in Dunkelrot: 2 Luftmaschen anschlagen.

1. Runde: In die 1. Luftmasche 5 feste Maschen häkeln.

2. Runde: Im Kreis spiralförmig direkt weiterhäkeln. Dabei jede Masche verdoppeln, d. h. in jede Masche 2 feste Maschen häkeln.

3. Runde: Jede 2. Masche verdoppeln, d. h. in jede 1. Masche 1 feste Masche und in jede 2. Masche 2 feste Maschen häkeln.

4. Runde: Jede 3. Masche verdoppeln usw.

Auf die gleiche Weise weiter zunehmen, bis insgesamt 20 Runden gehäkelt sind.

Seitenteil, rot-dunkelrot gestreift: Drehen Sie den Boden auf links und arbeiten Sie auf der „falschen" Seite weiter.

1.–2. Runde: Ca. 25 Nudeln auf das rote Garn auffädeln, an dem Kreis neu beginnen und mit festen Maschen ohne Zunahmen weiterhäkeln. Die 1. und 2. Runde ohne Nudeln arbeiten.

3. Runde: In der 3. Runde ca. alle 3–10 Maschen (je nach Nudelgröße) in unregelmäßigen Abständen 1 Nudel einhäkeln. Die Nudeln müssen dabei hinter der Arbeit hängen. Die 3. Runde mit 1 Kettmasche schließen. Faden abschneiden.

4.–6. Runde: Diesmal ca. 25 Nudeln auf das dunkelrote Garn fädeln, wieder 2 Runden ohne Nudeln häkeln, in der 6. Runde mit Nudeln arbeiten. Die Nudeln sollten in dieser Runde etwas versetzt zu den Nudeln der 3. Runde eingearbeitet werden. Nun immer abwechselnd rote und dunkelrote Streifen arbeiten. Jeweils in der 3. Runde werden Nudeln mit eingehäkelt. Insgesamt 51 Runden (= 17 Farbstreifen) arbeiten. Nun wieder auf der Außenseite (d. h. auf der Nudelseite) weiterarbeiten.

52.–54. Runde (in Dunkelrot): Feste Maschen ohne Nudeln gerade hoch häkeln. Die 54. Runde mit 1 Kettmasche schließen.

55. Runde (in Rot): Jetzt wird der Durchzug gearbeitet. Hierfür 3 Luftmaschen (als Ersatz für das 1. Stäbchen) häkeln, mit Stäbchen weiterarbeiten. Runde mit 1 Kettmasche um die 3 Anfangsluftmaschen schließen.

56.–58. Runde (in Dunkelrot): Mit festen Maschen gerade hoch häkeln.

59. Runde (in Rot) = Abschlusskante aus Picots: * 3 feste Maschen und 3 Luftmaschen häkeln, 1 Kettmasche in den Kopf der letzten festen Masche arbeiten. Ab * wiederholen. Fäden vernähen.

Mit dunkelrotem Garn 2 Kordeln in einer Länge von ca. 60 cm drehen (siehe Seite 12 f.). Diese gegenläufig und jeweils übereinander versetzt im Auf und Ab durch die Stäbchen weben. Dabei immer 2 Stäbchen überspringen. (Wenn die Maschenzahl nicht ganz aufgeht, auch mal 3 Stäbchen überspringen.)

Kordeln verknoten.

Diese Tasche sollten sie an einem sicheren Ort aufbewahren.

Mütze mit Ohrenklappen und Zöpfen

Um diese Mütze zu häkeln, beginnt man mit dem kleinen Nippel an der Spitze. Dann nimmt man allmählich zu, bis die gewünschte Mützengröße erreicht ist. Bis auf die Ohrenklappen, die Sie zum Schluss unten an den Seiten anhäkeln, wird alles in Runden gehäkelt. Durch die Ohrenklappen werden Wollfäden gezogen, die zu Zöpfen geflochten werden. Diese können natürlich auch als Bänder genutzt werden, um die Mütze bei Sturm zu „sichern". Gehäkelt wird mit festen Maschen. Und wer will, kann noch ein kleines Blümchen auf die Mützenwiese pflanzen. Die Mütze hat einen Umfang von ca. 60 cm (passend für Frauen und größere Kinder).

■ Material
Wolle „Mirage" von Schachenmayr (50 % Schurwolle, 50 % Polyamid), 100 g in Weide (72). „Boston" (70 % Polyacryl, 30 % Schurwolle), 50 g in Weinrot

Tipp:
Kennzeichnen Sie den Rundenbeginn mit einer bunten Stecknadel, da es bei diesem Wuschelmaterial ausgesprochen schwierig ist, den Anfang einer Runde zu finden.

(31). „Merino" (100 % Schurwolle), 50 g in Caramel (27), 50 g in Cyclam (38). 1 m rosafarbenes Samtband, 1,5 cm breit. Häkelnadeln Nr. 3,5 und 7.

Anleitung
2 Luftmaschen in Grün / „Mirage" mit Häkelnadel Nr. 7 anschlagen.
1. Runde: 5 feste Maschen in die 1. Luftmasche häkeln.
2.–3. Runde: Spiralförmig mit festen Maschen weiterhäkeln.
4. Runde: Jede Masche verdoppeln, d. h. in jede Masche 2 feste Maschen häkeln.
5. Runde: Jede 2. Masche verdoppeln, d. h. in jede 1. Masche 1 feste Masche, in jede 2. Masche 2 feste Maschen arbeiten.
6. Runde: Jede 3. Masche verdoppeln.
7. Runde: Jede 4. Masche verdoppeln.
8. Runde: Jede 5. Masche verdoppeln.
9. Runde: Jede 6. Masche verdoppeln.
10. Runde: Jede 7. Masche verdoppeln.
11. Runde: Jede 8. Masche verdoppeln.
12. Runde: Feste Maschen häkeln, ohne Zunahme.
13. Runde: Jede 9. Masche verdoppeln.
14. Runde: Feste Maschen häkeln, ohne Zunahme.
15. Runde: Jede 10. Masche verdoppeln.
16. Runde: Jede 11. Masche verdoppeln.

Es sollten nun 60 Maschen sein. (Bei diesem Material ist es schwierig, die Maschen zu zählen. Eine leicht abweichende Maschenzahl verändert die Mütze nur unwesentlich.)
17.–27. Runde: Nun ohne Zunahmen mit festen Maschen weiterhäkeln. Die 27. Runde mit 1 Kettmasche schließen. Faden abschneiden.
Ohrenklappen: Kurz vor dem Ende der letzten Runde neu einstechen, damit das Fadenende gleich mit eingehäkelt werden kann.
1. Reihe: 12 feste Maschen an die Mütze anhäkeln.
2.–3. Reihe: Feste Maschen häkeln.
4.–5. Reihe: Für die Abnahmen nach der Wendeluftmasche erst in die 2. Masche einstechen und weiter mit festen Maschen arbeiten.
6.–7. Reihe: Nach der Wendeluftmasche erst in die 2. Masche einstechen, mit festen Maschen weiterarbeiten, die letzte Masche nicht häkeln. Es sollten noch 6 Maschen übrig sein.
Die 2. Ohrenklappe auf der gegenüberliegenden Seite genauso anhäkeln. Nun wird die gesamte Kante der Mütze (inklusive Klappen) mit Krebsmaschen (siehe Seite 11 f.) umhäkelt. Dabei lose Fäden mit einhäkeln.
Den letzten Faden vernähen.
Zöpfe in Weinrot / „Boston": Pro Zopf 15 120 cm lange Fäden zuschneiden. Diese werden in die mittleren 3 Maschen (unterste

Reihe) an der Ohrenklappe mittig eingezogen und doppelt gelegt (3 Stränge à 10 Fäden). Einen Zopf flechten, mit weinroter Wolle fest umwickeln, verknoten und eine Schleife aus 50 cm Samtband darüber binden.

Blume in Caramel und Cyclam / „Merino" (Häkelnadel Nr. 3,5):
2 Luftmaschen in Caramel anschlagen.

1. Runde: In die 1. Luftmasche 5 feste Maschen häkeln.

2. Runde: Mit festen Maschen spiralförmig direkt weiterhäkeln und dabei die Maschen verdoppeln, d. h. in jede Masche der Vorrunde 2 feste Maschen häkeln.

3. Runde: Jede 2. Masche verdoppeln, d. h. in jede 1. Masche 1 feste Masche und in jede 2. Masche 2 feste Maschen häkeln. Zum Schluss die vorletzte und die letzte Masche der Vorrunde verdoppeln, sodass der Kreis nun aus insgesamt 16 Maschen besteht.

4. Runde: Feste Maschen häkeln, ohne Zunahme. Runde mit 1 Kettmasche schließen.

5. Runde: Nun werden die Blütenblätter in Cyclam gehäkelt.
* 3 Luftmaschen häkeln, in die Kettmasche der Vorrunde (bei den nächsten Blütenblättern jeweils in die feste Masche der Vorrunde) 6 halb abgemaschte Stäbchen häkeln, die zusammen mit den Luftmaschen zu einem Büschel abgemascht werden (Faden durch 7

Schlingen ziehen). In die nächste Masche 1 Kettmasche arbeiten, in die darauf folgende Masche 1 feste Masche häkeln. Ab * noch siebenmal wiederholen. Die Runde mit 1 Kettmasche schließen. Fäden

vernähen. Das Blüteninnere mit caramelfarbenem Garn mittig zwischen den Ohrenklappen und knapp über dem Mützenrand annähen. (Die Häkelschrift für die Blume finden Sie auf Seite 33.)

Sommerkappe

Diese Sommerkappe wird mit festen Maschen und verschiedenen Stäbchen (halbe Stäbchen, Stäbchen, Doppelstäbchen und Kreuzstäbchen) gearbeitet. Das Muster ist sicherlich das komplizierteste in diesem Buch. Anhand der Häkelschrift und der genauen Anleitung werden Sie jedoch auch diese Häkelarbeit ohne Schwierigkeiten bewältigen. Die fertige Kappe hat einen Umfang von ca. 55 cm (passend für Frauen und größere Kinder).

■ Material

Baumwollgarn „Floretta ombré" von Coats, Stärke 10, 50 g in Orange-Gelb-Meliert (4491). Häkelnadel Nr. 3.

Anleitung

Das Garn wird doppelt genommen. Dabei darauf achten, dass dieselben Farben nebeneinander liegen.

15 Luftmaschen anschlagen und mit 1 Kettmasche zum Ring schließen.

1. Runde: Um den Ring 25 feste Maschen häkeln.

2. Runde: Mit festen Maschen spiralförmig weiterarbeiten (siehe auch „Schnecken häkeln", Seite 10). Dabei jede 3. Masche verdoppeln. Runde mit 1 Kettmasche schließen.

3. Runde: 5 Luftmaschen häkeln (davon 3 Luftmaschen als Ersatz für das 1. Stäbchen), 1 Masche der Vorrunde überspringen, 1 Stäbchen häkeln, * 2 Luftmaschen arbeiten, 1 Masche überspringen, 1 Stäbchen häkeln. Ab * wiederholen. Nach den letzten 2 Luftmaschen die Runde mit 1 festen Masche um die 5 Anfangsluftmaschen schließen.

4. Runde: Nach der festen Masche der Vorrunde direkt mit festen Maschen weiterhäkeln. Dabei um die 2 Luftmaschen der Vorrunde immer 3 feste Maschen häkeln und in das Stäbchen 1 feste Masche arbeiten. Runde mit 1 Kettmasche schließen.

5. Runde: 4 Luftmaschen arbeiten (als Ersatz für das 1. Doppelstäbchen). 3 Maschen überspringen, 1 Doppelstäbchen in die 4. Masche häkeln, * 4 Luftmaschen arbeiten, 1 Doppelstäbchen in dieselbe Masche häkeln wie das vorherige Doppelstäbchen, 3 Maschen überspringen, 1 Doppelstäbchen in die 4. Masche arbeiten. Ab * wiederholen. Es entsteht ein Zickzackmuster. Mit 1 festen Masche um die 4 Anfangsluftmaschen die Runde schließen.

6. Runde: Direkt im Anschluss an die letzte feste Masche der Vorrunde mit festen Maschen weiterhäkeln. Um die Luftmaschen der Vorrunde je 4 feste Maschen häkeln, in die Doppelstäbchen je 1 feste Masche arbeiten. Runde mit 1 Kettmasche schließen.

7. Runde: 2 Luftmaschen häkeln (als Ersatz für das 1. halbe Stäbchen). In jede Masche 1 halbes Stäbchen arbeiten. Mit 1 festen Masche um die Anfangsluftmaschen die Runde schließen.

8. Runde: Direkt im Anschluss an die letzte Masche der Vorrunde mit festen Maschen weiterhäkeln. In jedes halbe Stäbchen 1 feste Masche arbeiten. Runde mit 1 Kettmasche schließen.

9. Runde: 4 Luftmaschen arbeiten (3 Luftmaschen als Ersatz für das 1. Stäbchen), 1 Masche überspringen, 1 Stäbchen in die nächste Masche häkeln. * 1 Luftmasche arbeiten, 1 Masche überspringen, 1 Stäbchen häkeln. Ab * wiederholen. Runde mit 1 festen Masche um die Anfangsluftmaschen schließen.

10. Runde: Nach der festen Masche der Vorrunde direkt mit festen Maschen weiterhäkeln. Um die Luftmaschen je 1 feste Masche arbeiten, in jedes 1. Stäbchen 1 feste Masche, in jedes 2. Stäbchen 2 feste Maschen häkeln (d. h. jede 4. Masche verdoppeln). Runde mit 1 Kettmasche schließen.

11. Runde: 5 Luftmaschen arbeiten (als Ersatz für das 1. Doppelstäbchen) und 2 Doppelstäbchen in dieselbe Masche wie die letzte Kettmasche häkeln, * 2 Maschen überspringen, in 1 Masche der Vorrunde 3 Doppelstäbchen arbeiten. Ab * wiederholen. Mit 1 festen Masche um die Anfangsluftmaschen schließen.

12. Runde: Nach der festen Masche der Vorrunde direkt mit festen Maschen weiterhäkeln. In jedes Doppelstäbchen 1 feste

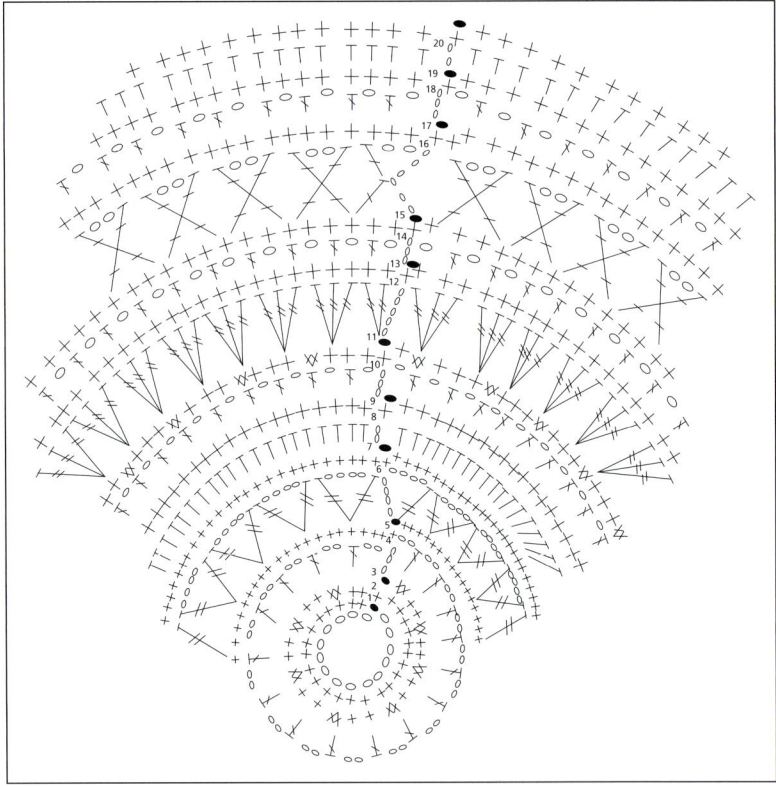

Masche arbeiten. Runde mit 1 Kettmasche schließen.

13. Runde: 4 Luftmaschen häkeln (davon 3 Luftmaschen als Ersatz für das 1. Stäbchen), 1 Masche überspringen, in die nächste Masche 1 Stäbchen arbeiten. * 1 Luftmasche häkeln, 1 Masche überspringen, 1 Stäbchen arbeiten. Ab * wiederholen. Mit 1 festen Masche um die Anfangsluftmaschen die Runde schließen.

14. Runde: Nach der letzten Masche der Vorrunde direkt mit festen Maschen weiterhäkeln. In jedes Stäbchen und um jede Luftmasche 1 feste Masche häkeln. Runde mit 1 Kettmasche schließen.

15. Runde: 3 Luftmaschen arbeiten (Teil des 1. Kreuzstäbchens), 2 Maschen überspringen, in die 3. Masche 1 Stäbchen arbeiten, 5 Luftmaschen häkeln (3 davon ebenfalls als Ersatz), 1 Stäbchen in den Kopf des unteren Stäbchens häkeln. Es folgen Kreuzstäbchen mit jeweils 2 Maschen bzw. 2 Luftmaschen dazwischen: * 2 Umschläge auf die Häkelnadel nehmen, in die nächste Masche 1 Maschenglied des Kreuzstäbchens häkeln (siehe auch Seite 11), 2 Maschen überspringen, erneut 1 Umschlag aufnehmen und entsprechend der Anleitung auf Seite 11 weiterarbeiten, bis das 2. und 3. Maschenglied des Kreuzstäbchens fertig gestellt sind. 2 Luftmaschen arbeiten, 1 Stäbchen in den Kopf der unteren Stäb-

chen häkeln. Ab * wiederholen. Die Runde mit 1 festen Masche um die Anfangsluftmaschen schließen.

16. Runde: Direkt im Anschluss an die feste Masche der Vorrunde mit festen Maschen weiterhäkeln. Um die 2 Luftmaschen 2 feste Maschen häkeln und auf jedes Stäbchen 1 feste Masche arbeiten. Runde mit 1 Kettmasche schließen.

17. Runde: Wie 13. Runde.

18. Runde: Direkt im Anschluss an die feste Masche der Vorrunde mit festen Maschen weiterhäkeln. Die Runde mit 1 Kettmasche schließen.

19. Runde: 2 Luftmaschen arbeiten (als Ersatz für das 1. halbe Stäbchen), halbe Stäbchen

in die festen Maschen der Vorrunde häkeln. Runde mit 1 festen Masche beenden.

20. Runde: Nach der letzten Masche der Vorrunde direkt mit festen Maschen weiterarbeiten. Runde mit 1 Kettmasche schließen. Fadenende vernähen.

Tipp:
Wenn Sie merken, dass die Maschenzahl am Ende einer Runde nicht aufgeht, hindert Sie niemand daran, ein bisschen zu schummeln. Gleichen Sie die Maschenzahl aus, indem Sie beispielsweise nur 2 Maschen überspringen statt 3.

Handtasche mit Reißverschluss

Diese himmelblaue Handtasche ist ganz einfach herzustellen. Im Grunde wird sie wie ein einfacher Sack immer in Runden gearbeitet. Nach Fertigstellung des Bodens wird die Arbeit gewendet, sodass die linke Seite des Bodens nach außen zeigt. Ihre Form bekommt die Tasche durch den Reißverschluss, der oben eingenäht wird. Zum Schluss erhält sie noch 2 kurze, stabile Griffe, die zu einem festen Wulst zusammengehäkelt werden.

■ Material

Bast „Viva" von Anchor, 150 g in Hellblau. Reißverschluss in Hellblau, 25 cm lang. Nähgarn. Häkelnadel Nr. 5.

Anleitung

Boden: 2 Luftmaschen anschlagen.

1. Runde: In die 1. Luftmasche 5 feste Maschen häkeln.

2. Runde: Mit festen Maschen spiralförmig weiterhäkeln und dabei jede Masche verdoppeln, d.h. in jede Masche der Vorrunde 2 feste Maschen häkeln.

3. Runde: Jede 2. Masche verdoppeln, d.h. in jede 1. Masche 1 feste Masche und in jede 2. Masche 2 feste Maschen häkeln.

4. Runde: Jede 3. Masche verdoppeln usw.

Auf die gleiche Weise weiter zunehmen, bis insgesamt 13 Runden gehäkelt sind. Faden abschneiden, Boden auf links umdrehen und auf der anderen Seite weiterarbeiten.

Korpus: In Runden ohne Zunahmen weiterhäkeln. Nach insgesamt 25 Runden die letzte Runde mit 1 Kettmasche schließen. Tasche in eine platte Form legen und den Reißverschluss mit Nähgarn von Hand einnähen.

Griffe: 40 Luftmaschen anschlagen. 4 Reihen mit festen Maschen gerade hoch häkeln. In Längsrichtung zusammenklappen und die inneren 30 Maschen zusammenhäkeln (5 Maschen auf jeder Seite offen lassen). An den so entstandenen flachen Enden die Griffe am Korpus mittig annähen.

Schlüsselanhänger

An einem Schlüsselring hängt ein kleines Täschchen für den Notgroschen und daneben ein durchsichtiges Etui für Einkaufszettel, Foto etc.

Das kleine Portemonnaie besteht aus 2 Einzelteilen, die zum Schluss mit pinkfarbenem Garn zusammengehäkelt werden. Die Klappe wird mit Knopf und Knopfloch geschlossen. Das Etui hat eine gehäkelte Rückwand und eine Vorderseite aus durchsichtigem Plastik. Das Plastik wird gelocht, umhäkelt und anschließend mit der Rückwand zusammengehäkelt. Gearbeitet wird mit festen Maschen. An beiden Teilen werden kleine Schlaufen zur Befestigung am Schlüsselring angebracht.

■ Material

Baumwollgarn „Floretta ombré" von Coats, Stärke 10, 25 g in Blau-Meliert (4495) und „Floretta uni", Stärke 10, 25 g in Pink (4412). 1 Knopf, ca. 1,5 cm. 1 Schlüsselring. Durchsichtiges Stück Plastik, 5 x 5 cm groß (z. B. von einer Klarsichthülle abschneiden). Lochzange. Häkelnadel Nr. 2.

Anleitung

Täschchen

Vorderteil in Blau: 20 Luftmaschen anschlagen.

1.–20. Reihe: Mit festen Maschen gerade hoch häkeln.

Rückenteil in Blau: 20 Luftmaschen anschlagen.

1.–20. Reihe: Mit festen Maschen gerade hoch häkeln.

21. Reihe: 10 feste Maschen arbeiten, 20 Luftmaschen für den Aufhänger häkeln, mit festen Maschen weiterhäkeln.

22. Reihe: Um für die Klappe abzunehmen, nach der Wendeluftmasche erst in die 2. Masche einstechen, mit festen Maschen weiterhäkeln. Wenn die Luftmaschenkette der Vorreihe erreicht ist, 30 feste Maschen um die Luftmaschen herum häkeln, danach mit festen Maschen weiterhäkeln.

23. Reihe: Nach der Wendeluftmasche erst in die 2. Masche einstechen, mit festen Maschen weiterhäkeln, dabei den Aufhänger vor die Arbeit legen und einfach darüber hinweghäkeln.

24.–29. Reihe: Immer die 1. Masche überspringen, mit festen Maschen weiterhäkeln.

30. Reihe: Wieder die 1. Masche überspringen, 3 feste Maschen arbeiten und dann für das Knopfloch 5 Luftmaschen häkeln. 5 Maschen überspringen und wieder 3 feste Maschen häkeln.

31. Reihe: Die 1. Masche überspringen, feste Maschen häkeln, auch in die Luftmaschen der Vorreihe.

32.–33. Reihe: Nach der Wendeluftmasche erst in die 2. Masche einstechen, mit festen Maschen weiterarbeiten.

Es müssen noch 8 Maschen übrig sein.

Nun werden die beiden Teile aufeinander gelegt (Aufhänger liegt auf der Außenseite!) und mit pinkfarbenem Garn zusammengehäkelt. In einer Runde zuerst die Klappe umhäkeln und dann direkt im Anschluss die beiden Teile zusammenhäkeln (an den unteren Ecken jeweils dreimal einstechen). Runde mit 1 Kettmasche schließen. Fäden vernähen und Knopf aufnähen.

Fotoetui

Rückenteil in Pink: 20 Luftmaschen anschlagen.

1.–17. Reihe: Mit festen Maschen gerade hoch häkeln.

18. Reihe: 10 feste Maschen arbeiten, dann für den Aufhänger 20 Luftmaschen häkeln und mit festen Maschen weiterarbeiten.

19. Reihe: Feste Maschen arbeiten. Wenn die Luftmaschenkette der Vorreihe erreicht ist, 30 feste Maschen um die Luftmaschen herum häkeln und danach wieder mit festen Maschen weiterarbeiten.

20. Reihe: Feste Maschen arbeiten, dabei den Aufhänger vor die Arbeit legen und einfach darüber hinweghäkeln.

Plastikvorderteil:

An drei Seiten des Plastikquadrats mit wasserfestem Stift jeweils 9 Löcher markieren (die unteren Ecklöcher werden doppelt eingerechnet!). Der

Abstand zum Rand und die Entfernung von Loch zu Loch sollten 5 mm betragen. Plastikteil entsprechend den Markierungen mit der Lochzange lochen (Lochgröße: 2 mm). Die beiden Ecken, die umhäkelt werden, mit der Schere leicht abrunden. Plastik auf 3 Seiten mit Blau umhäkeln. Hierfür in jedes Loch 2 feste Maschen arbeiten, in die Ecklöcher 4 feste Maschen häkeln. Am Ende 1 Wendeluftmasche häkeln, wenden und Plastik sowie Rückwand mit festen Maschen zusammenhäkeln. Dabei erst in die 2. Reihe der pinkfarbenen Rückwand einstechen. Der Aufhänger ist nach vorn, Richtung Plastik, gerichtet. In die Ecken zweimal einstechen und auf der unteren Seite 2 Maschen der Rückwand einhalten, d. h. in 2 Maschen der Vorderseite zweimal einstechen. Nach Beenden der Reihe Fäden vernähen, Tasche und Etui an den Schlüsselring hängen.

Blumenhandtasche

Diese Handtasche erinnert an eine bunte Sommerwiese. Die Tasche hat einen rechteckigen Boden mit abgerundeten Ecken. Um diesen wird mit verschiedenen Grüntönen in Runden gearbeitet. Die Blüten werden in Lila und Rosa gehäkelt und mit wenigen Stichen befestigt. Für die beiden Griffe werden verschiedene grüne Perlen auf Blumendraht aufgereiht. Als Verschluss dient ein großer Druckknopf. Gehäkelt wird mit festen Maschen; die Blüten werden mit festen Maschen, Stäbchen und Doppelstäbchen gearbeitet.

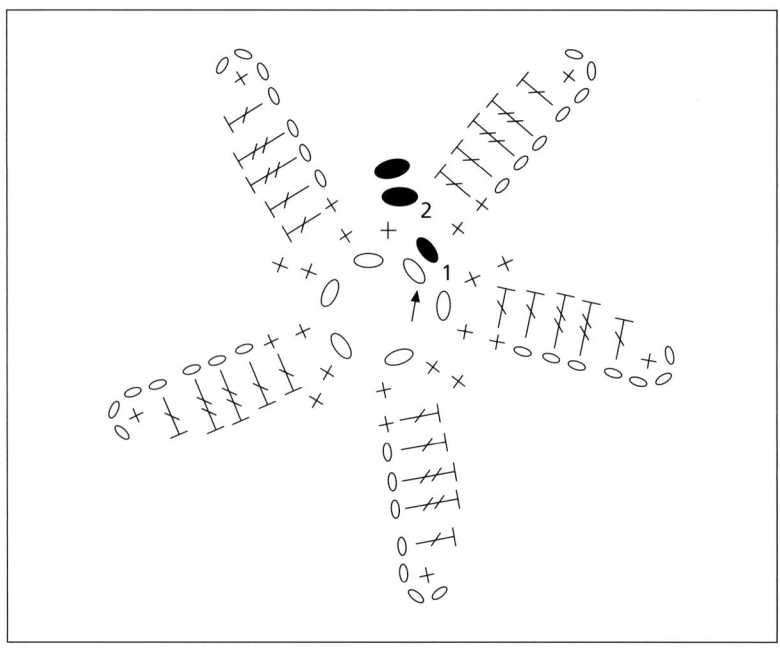

■ Material

Baumwollgarn „Lyric 8/8" von Coats, 50 g in Grasgrün (512), 50 g in Lindgrün (590) und 50 g in Türkis (557). „Lyric 8/4", 50 g in Pink (525) und 50 g in Lila (528). Blumendraht, ⌀ 0,35 mm. Perlen in Grüntönen. 1 Druckknopf in Silber, ⌀ 21 mm. Rest Nähgarn. Häkelnadeln Nr. 3 und 4.

Farbfolge

Grasgrün, Türkis, Lindgrün

Anleitung

Tasche

Boden: 28 Luftmaschen mit Häkelnadel Nr. 4 in Lindgrün anschlagen.

1.–2. Reihe: 1 Wendeluftmasche arbeiten und feste Maschen häkeln, in die letzte Masche 2 feste Maschen arbeiten.

3.–8. Reihe: 1 Wendeluftmasche arbeiten, mit festen Maschen weiterhäkeln.

9.–10. Reihe: Nach der Wendeluftmasche 1 Masche überspringen, mit festen Maschen weiterhäkeln. Faden abschneiden.

Seiten: An irgendeiner Stelle des Bodens mit Grasgrün neu beginnen. Ab jetzt wird mit festen Maschen in Runden rings um den Boden gearbeitet. Immer nach 2 Runden in einer Farbe die Runde mit 1 Kettmasche schließen und in der neuen Farbe an einer anderen Stelle der Runde neu beginnen. Nach der 24. Runde mit Lindgrün enden. Achten Sie darauf, dass Sie die Fadenenden immer gleich mit einhäkeln.

Blumen: 18 Blumen werden in Rosa, 2 Blumen in Lila gehäkelt. Verwenden Sie hierfür die Häkelnadel Nr. 3.

Die Tasche sieht fast aus wie eine Blumenwiese.

6 Luftmaschen anschlagen. Mit 1 Kettmasche zum Ring schließen.

1. Runde: 10 feste Maschen um die Luftmaschen herum häkeln. Die Runde mit 1 Kettmasche schließen.

2. Runde: * 1 feste Masche in die 1. Masche der Vorrunde arbeiten und 7 Luftmaschen häkeln. In die drittletzte Luftmasche 1 feste Masche arbeiten und in die folgenden Luftmaschen 1 Stäbchen, 2 Doppelstäbchen, 1 Stäbchen häkeln. 1 Stäbchen seitlich auf die 1. feste Masche arbeiten. 1 feste Masche in die nächste Masche der Vorrunde häkeln. Ab * viermal wiederholen. Mit 1 Kettmasche die Runde schließen. Jeweils einen längeren Faden stehen lassen, mit dem die Blume auf der Tasche befestigt wird.

Griffe: Die Griffe sollten jeweils eine Länge von 30 cm haben. Sie werden mit etwas Abstand vom seitlichen Rand (quasi über den 4 Ecken des Bodens) in Höhe der letzten Reihe befestigt. Für einen Griff einen Draht mit einer Länge von 130 cm ab-schneiden. Den Draht in der Mitte knicken, an der gewünschten Stelle der Tasche einstechen und wiederum knicken. Die Enden zusammendrehen, die Perlen auffädeln, das Drahtende auf der anderen Seite einstechen, sichern und in Gegenrichtung durch die bereits aufgefädelten Perlen führen, sodass der Draht verschwindet. Auf der anderen Taschenseite ebenso verfahren. Den Druckknopf in der Mitte der Innenseite, knapp unterhalb der Kante, festnähen.

Schultasche aus Wachstuch

Hier wird wenig gehäkelt, aber viel gelocht, denn die Hauptteile dieser Tasche bestehen aus Wachstuch.

Legen Sie das Wachstuch doppelt bzw. wählen Sie ein Dekor für die Außenseite und ein Dekor als Futter. Umhäkeln Sie alle Wachstuchteile einmal mit festen Maschen. Der Träger, der sich durch verkürzte Reihen zum Zwischensteg der Tasche verbreitert, wird ebenfalls mit festen Maschen gehäkelt. An dieses Trägerband werden zum Schluss Vorder- und Rückenteil angehäkelt.

■ Material

Baumwollgarn „Lyric 8/4" von Coats, 50 g in Pink (525). „Lyric 8/8", 50 g in Rot (508) und 100 g in Pink (525). Wachstuch (2 verschiedene Dekore), je 30 cm (achten Sie beim Kauf auf das Muster und wählen Sie einen schönen Ausschnitt). Klebestreifen. Lochzange. Wasserfester Stift. Häkelnadeln Nr. 3 und 4.

Anleitung

Vorder- und Rückenteil mit Klappe aus Wachstuch: Das Vorderteil mit den Maßen 30 × 25 cm aus beiden Dekoren zuschneiden. Das Rückenteil mit Klappe in der Größe 30 × 55 cm ebenfalls aus beiden Dekoren zuschneiden. Außenteil und Futter werden jeweils mit Klebestreifen leicht aufeinander fixiert. Dann mit wasserfestem Stift die Löcher markieren. Der Abstand vom Rand sollte 1 cm, die Entfernung zwischen den Löchern ebenfalls 1 cm betragen.

Beide Dekore gleichzeitig mit der Lochzange (Lochgröße: 2 mm) rundum lochen. Die Ecken mit der Schere leicht abrunden. Beide Teile mit „Lyric 8/4" in Pink mit festen Maschen umhäkeln (Häkelnadel Nr. 3). Dabei in jedes Loch 2 feste Maschen, in die Ecken 5 feste Maschen häkeln. Die Maschen immer besonders lang ziehen, damit das Wachstuch nicht zusammengedrückt wird. Am Ende der Runde keine Kettmasche häkeln, sondern den Faden einfach abschneiden und mit dem Anfangsfaden verknoten. Der Faden wird später beim Zusammenhäkeln mit eingehäkelt.

Träger/Zwischensteg in Pink/ „Lyric 8/8" (Häkelnadel Nr. 4):

300 Luftmaschen anschlagen. (Bei größeren Menschen kann der Träger um 20–40 Maschen verlängert werden. Aber Vorsicht! Das Gewebe dehnt sich beim Tragen in die Länge.)

1.–2. Reihe: Feste Maschen häkeln.

3. Reihe: Bei der 3.–9. Reihe handelt es sich um verkürzte Reihen. Diese bilden eine Art Zwickel, d. h. die Seitenteile wölben sich nach innen. 219 Maschen häkeln, dann 1 Kettmasche arbeiten und die Arbeit wenden.

4. Reihe: 1 Wendeluftmasche arbeiten, die Kettmasche der Vorreihe überspringen und 138 feste Maschen häkeln, dann 1 Kettmasche häkeln und die Arbeit wenden.

5.–8. Reihe: 1 Wendeluftmasche häkeln, die Kettmasche der Vorreihe überspringen, feste Maschen bis zur Wendeluftmasche der Vorreihe häkeln, in diese ebenfalls 1 feste Masche häkeln, dann noch 2 feste Maschen und 1 Kettmasche arbeiten. Arbeit wenden.

9. Reihe: Wie vorige Reihe, aber diesmal wieder ganz bis zum Ende häkeln.

10.–11. Reihe: Feste Maschen über die ganze Länge des Trägers häkeln.

Die Gurtenden an der kurzen Seite mit festen Maschen zusammenhäkeln. Nun wird der Träger von beiden Seiten mit einer roten Kante („Lyric 8/8") aus festen Maschen eingefasst. Im selben Arbeitsgang wird das Vorder- bzw. Rückenteil mit angehäkelt. Beim Rückenteil auf derselben Höhe anfangen wie beim Vorderteil (Löcher zählen!). Außerdem darauf achten, dass die Mitte des Zwischensteges in der Mitte der Taschenunterseite liegt. Die Naht des Trägers sollte sich genau oben in der Mitte befinden.

Barett

Begonnen wird oben mit einem Kreis (inklusive Nippel), an den 6 Segmente angehäkelt werden. Diese werden zu einem Sechseck verbunden. Um dieses Sechseck wird ein plastischer Wulst gearbeitet. Daran schließen sich wieder 6 Segmente an, die sich nach unten verjüngen. Auch diese Segmente werden miteinander verbunden. Zum Schluss wird eine Passe aus Biesen gearbeitet, die aus festen Maschen und Kettmaschen bestehen. Die Abschlusskante wird mit Krebsmaschen gehäkelt. Das Barett eignet sich für einen Kopfumfang von 50 cm (für Kinder).

■ Material

Baumwollgarn „Lyric 8/4" von Coats, 50 g in Blau (511), 50 g in Grasgrün (512), 50 g in Hellblau (510), 50 g in Rot (508) und 50 g in Gelb (524). Häkelnadel Nr. 3.

Anleitung

2 Luftmaschen in Blau anschlagen.

1. Runde: In die 1. Luftmasche 5 feste Maschen häkeln.

2.–3. Runde: Mit festen Maschen spiralförmig weiterarbeiten (6 feste Maschen je Runde).

4. Runde: Jede Masche verdoppeln, d.h. in jede Masche 2 feste Maschen häkeln.

5. Runde: Jede 2. Masche verdoppeln.

6. Runde: Jede 3. Masche verdoppeln, Runde mit 1 Kettmasche schließen. Es sollten nun 24 Maschen sein.

6 Segmente in Grün:

1. Reihe: 4 feste Maschen an den Innenkreis anhäkeln.

2.–3. Reihe: Feste Maschen arbeiten und für die Zunahmen in die letzte Masche 2 feste Maschen häkeln.

4.–5. Reihe: In die 1. und letzte Masche 2 feste Maschen häkeln, sonst normal weiterhäkeln.

6.–9. Reihe: Feste Maschen arbeiten, in die letzte Masche 2 feste Maschen häkeln.

10.–11. Reihe: Wie 4. Reihe.

12.–17. Reihe: Wie 6. Reihe.

18.–19. Reihe: Wie 4. Reihe.

20.–25. Reihe: Wie 6. Reihe.

26.–27. Reihe: Wie 4. Reihe.

Es sollten nun 37 Maschen sein. Auf dieselbe Weise noch 5 Segmente nebeneinander an den Innenkreis häkeln.

Die Segmente werden in Blau mit festen Maschen zusammengehäkelt. Das fertige Sechseck mit festen Maschen in Blau umhäkeln (hängende Fäden mit einhäkeln). Insgesamt 4 Runden häkeln, die nach innen geklappt den Wulst bilden. Während die 5. Runde in Blau gehäkelt wird, jeweils gleichzeitig in die Maschen der letzten grünen Reihen des Sechsecks einstechen. Runde mit 1 Kettmasche schließen.

6 Segmente in Hellblau:

1. Reihe: 37 feste Maschen an den Wulst häkeln (in Verlängerung zu den oberen Segmenten).

2.–9. Reihe: Nach der Wendeluftmasche 1 Masche überspringen, mit festen Maschen weiterhäkeln, die letzte Masche nicht häkeln. Es sollten nun 21 Maschen übrig sein.

Auf diese Weise noch 5 Segmente nebeneinander an den Wulst häkeln. Die Segmente werden in Rot mit festen Maschen zusammengehäkelt.

Biesenkante:

1. Runde in Rot: Feste Maschen häkeln.

2. Runde: Kettmaschen auf die festen Maschen der Vorrunde arbeiten.

3. Runde: Feste Maschen auf die Kettmaschen der Vorrunde häkeln.

4. Runde in Gelb: Nun auf die Maschen der 1. Runde feste Maschen in Gelb häkeln.

5. Runde: Kettmaschen auf die festen Maschen der Vorrunde arbeiten.

6. Runde: Feste Maschen auf die Kettmaschen der Vorrunde häkeln.

7. Runde in Rot: Nun auf die Maschen der 4. Runde feste Maschen in Rot häkeln.

Auf die gleiche Weise weiterhäkeln, bis insgesamt 6 Biesen gehäkelt sind (letzte Biese in Gelb).

Abschlusskante in Rot:

1. Runde: Feste Maschen arbeiten, mit 1 Kettmasche Runde schließen.

2. Runde: Krebsmaschen häkeln (siehe Seite 11 f.). Fäden vernähen.

Große Basttasche

Auch hier wird mit festen Maschen gearbeitet.

Den Boden dieser großen Badetasche bildet ein weißes Quadrat, um das in Runden gehäkelt wird. Am Anfang wird leicht zugenommen, dann nur noch gerade hoch gearbeitet. Die Grundfarbe ist Weiß, das von dünnen Streifen in Hellblau und Grün durchzogen wird. Der besondere Karoeffekt entsteht durch nachträglich aufgehäkelte Linien aus Kettmaschen.

Um die Tasche stabiler zu machen, wurde an der Oberkante und der Kante zum Boden eine Biese gearbeitet.

Die beiden kurzen Griffe werden ganz zum Schluss angenäht.

▪ Material

Bast „Viva" von Anchor, 400 g in Weiß, 100 g in Grün und 100 g in Hellblau.

Anleitung

Boden in Weiß: 30 Luftmaschen anschlagen. 30 Reihen mit festen Maschen gerade hoch häkeln.

Seitenteil:

1. Runde: Boden mit festen Maschen in Weiß umhäkeln.

2. Runde: Mit festen Maschen weiterhäkeln.

3. Runde: Insgesamt 20 Maschen zunehmen, d.h. verteilt fünfmal auf jeder Seite in 1 Masche 2 feste Maschen häkeln.

Ab jetzt in jeder 7. Runde (also in der 10., 17. und 24. Runde) noch dreimal auf die gleiche Weise zunehmen.

4. Runde: Feste Maschen häkeln, Runde mit 1 Kettmasche beenden. Faden abschneiden.

5. Runde in Hellblau: An einer anderen Stelle der Runde neu beginnen. Feste Maschen häkeln, Runde mit 1 Kettmasche beenden. Faden abschneiden.

6. Runde in Weiß: Wie 5. Runde.

7. Runde in Hellblau: Wie 5. Runde.

Wieder 4 Runden in Weiß häkeln, dann 2 Streifen in Grün arbeiten, unterbrochen von einem weißen Streifen. So wechseln sich nun immer 2 dünne Streifen in Hellblau mit 2 dünnen Streifen in Grün ab. Insgesamt 46 Runden häkeln (d.h. 3 Streifenpaare in jeder Farbe; mit 4 Runden in Weiß wird das Seitenteil beendet).

Aufgehäkelte Streifen: Die Streifen bestehen aus Kettmaschen, die auf das Seitenteil aufgehäkelt werden (siehe Seite 12). Die Häkelnadel wird dabei zuerst unter einer Masche und dann über derselben Masche in die Häkelarbeit eingestochen. Die Maschen werden exakt übereinander gesetzt, damit eine gerade Linie entsteht. Es werden wieder je 2 Streifen einer Farbe nebeneinander gehäkelt. Die Strei-

fenpaare werden in gewohnter Weise angeordnet. Um gleichmäßige Abstände zwischen den Streifen zu erreichen, sollten Sie jeweils nachmessen. Verzichten Sie darauf, die Maschen zu zählen, da ja Zunahmen stattgefunden haben und keine parallele Führung der Streifen möglich ist.

Biesen: Nun die obere Kante mit hellblauem Garn umhäkeln. Dabei unbedingt die losen Fäden der Hochkantstreifen mit einhäkeln. Von innen 3 Runden mit festen Maschen häkeln und dann mit 1 Kettmasche schließen. Einen langen Faden stehen lassen, den Wulst nach außen klappen und mit dem langen Faden festnähen. Die gleiche Biese an die untere Kante zwischen Boden und Seitenteil häkeln. Dazu von unten hochkant in die Maschen einstechen, 3 Runden mit festen Maschen häkeln und mit 1 Kettmasche schließen. Den Wulst nach oben an das Seitenteil klappen und dort festnähen.

Griffe: 50 Luftmaschen in Grün anschlagen. 4 Reihen gerade hoch häkeln. Den Griff der Länge nach zusammenklappen und die mittleren 30 Maschen mit festen Maschen zusammenhäkeln. Auf jeder Seite des Griffes werden also 10 Maschen nicht zusammengehäkelt. An diesen 10 Maschen die Griffe gemäß Foto auf dem Seitenteil festnähen.

Handschuhe

Die Handschuhe haben eine quer gehäkelte, violette Manschette, mit der begonnen wird. An diese wird der eigentliche Handschuh in Runden angehäkelt, wobei ein Loch ausgespart wird, in das man später den Daumen einhäkelt. Daumen und Spitze sind farblich abgesetzt.

Und damit immer klar ist, welcher Handschuh links und welcher rechts getragen wird, werden die Handrücken mit einem L und einem R aus roten Kettmaschenlinien gekennzeichnet. Die untere Kante wird mit einer Abschlussreihe aus Picots geschmückt. Besonders hübsch sind die grünen Pompons, die zum Schluss über den Manschetten angebracht werden. Die Handschuhe passen größeren Kindern und Frauen mit kleinen Händen (Größe $6\frac{1}{2}$–7).

■ Material
Wolle „Merino" von Schachenmayr (100 % Schurwolle), 50 g in Jeans (52), 50 g in Viola (45), 50 g in Rot (31) und 50 g in Maigrün (78). 2 Pappscheiben für die Pompons (∅ ca. 6 cm, Loch ∅ ca. 4 cm). Häkelnadel Nr. 4. Stricknadelspiel Nr. 4.

Anleitung
Linker Handschuh:
Manschette in Viola: Für die Manschette 10 Luftmaschen in Viola anschlagen. Mit festen Maschen 45 Reihen gerade hoch häkeln. Dann in direktem Anschluss 1 Wendeluftmasche arbeiten und die Manschette an der kurzen Seite zusammenhäkeln. Manschette wenden, sodass die Naht nach innen zeigt.
Handfläche in Jeansblau und Viola:
1.–20. Runde: Genau gegenüber der Naht beginnen, die Manschette in Jeansblau mit festen Maschen zu umhäkeln.
21. Runde: Nach 14 Maschen 8 Luftmaschen häkeln und 12 Maschen der Vorrunde überspringen. In der folgenden Runde feste Maschen häkeln, auch in die 8 Luftmaschen der Vorrunde.
22.–45. Runde: Mit festen Maschen weiterhäkeln. Nach der 45. Runde mit 1 Kettmasche schließen.
46.–53. Runde: Mit Viola neu beginnen und weitere 8 Runden häkeln.
54. Runde: Alle Maschen halb häkeln. Setzen Sie dabei die 4 Stricknadeln ein und holen Sie jeweils nur den Faden durch die Maschen. Dann alle Maschen zusammen abmaschen, d. h. den Faden mit Hilfe einer Stopfnadel durch alle Schlingen führen und zusammenziehen.
Daumen in Grün: Mit Grün an die 8 Luftmaschen 8 feste Maschen anhäkeln. In der Ecke zwischen den Luftmaschen und den festen Maschen zusätzlich in 1 Masche quer einstechen, damit kein Loch entsteht. Anschließend die 12 zuvor über-

sprungenen Maschen häkeln und wieder zusätzlich 1 Masche quer häkeln. Es ergeben sich 22 Maschen für den Daumen. Nun in Runden weiterhäkeln. Nach 18 Runden, wie bei der Handfläche beschrieben, den Daumen zusammenziehen.

Rote Abschlusskante am unteren Ende der Manschette:

1. Runde: Feste Maschen arbeiten.

2. Runde: * 3 feste Maschen und 3 Luftmaschen häkeln, 1 Kettmasche in den Kopf der zuletzt gearbeiteten festen Masche häkeln. Ab * wiederholen. Wenn die Maschenzahl am Ende nicht aufgeht, auch mal 4 Maschen zwischen die Picots häkeln. Runde mit 1 Kettmasche schließen.

Aufgehäkelter Buchstabe: Ein großes geschwungenes Schreibschrift-L mit Kettmaschen auf den Handrücken häkeln. Am besten vorher mit Schneiderkreide aufzeichnen.

Wie auf Seite 13 erklärt, einen Pompon in Grün mit einem Durchmesser von ca. 4 cm herstellen und an die Manschette nähen.

Rechter Handschuh: Genauso arbeiten wie den linken Handschuh. Der einzige Unterschied (abgesehen vom Buchstaben R) liegt in der Platzierung des Daumens: In der 21. Runde erst nach 20 festen Maschen 8 Luftmaschen häkeln, 12 Maschen überspringen und dann weiterarbeiten wie oben beschrieben.

Umhängetasche aus Wolle und Glitzergarn

Gehäkelt werden immer abwechselnd 1 feste Masche und 1 Luftmasche, wobei dieses Muster in jeder Reihe versetzt gearbeitet wird. Die eigentliche Häkelarbeit wird mit dem goldenen Garn ausgeführt. Das dicke Wollgarn wird nur mitgeführt und umhäkelt. Achten Sie darauf, dass Sie den Wollfaden immer recht locker führen. Vor allem beim Wenden darf der Faden nicht zu stramm angezogen werden, sonst zieht sich das ganze Arbeitsstück zusammen.

Die Tasche besteht aus den beiden Seitenteilen und einem langen Zwischensteg. Die beiden Träger werden direkt in Verlängerung der orangefarbenen Seitenpaspeln gearbeitet. Geschlossen wird diese festliche Umhängetasche mit einem Riegel und einem umhäkelten Metalldeckel als Knopf. Damit die Tasche mehr Stabilität bekommt, wird die obere Kante mit Blumendraht verstärkt.

■ Material

Glitzergarn „Arista" von Anchor, 75 g in Gold (300). Wolle „Boston" von Schachenmayr (79 % Polyacryl, 30 % Schurwolle), 50 g in Cyan (69) und 50 g in Kürbis (26). Schraubverschluss von einem kleinen Gläschen, ∅ ca. 5,5 cm. Blumendraht, grün, ∅ 1 mm. Häkelnadel Nr. 3.

Anleitung

Seitenteile in Gold und Cyan:
80 Luftmaschen in Gold anschlagen.
1. Reihe: Ab jetzt wird der Wollfaden mitgeführt. Abwechselnd 1 feste Masche, 1 Luftmasche häkeln. Dabei 1 Masche der Vorreihe überspringen.
2.–9. Reihe: Wieder abwechselnd feste Maschen und Luftmaschen häkeln, aber versetzt zur Vorreihe. Die festen Maschen immer um die Luftmaschen der Vorreihe häkeln, die Luftmaschen immer über die festen Maschen der Vorreihe arbeiten. Für die Zunahmen in die letzte Masche 2 feste Maschen häkeln bzw. 1 zusätzliche Luftmasche zwischen 2 feste Maschen arbeiten.
10.–15. Reihe: Ohne Zunahmen im selben Muster gerade hoch häkeln.
16.–23. Reihe: Nun wird abgenommen. Dazu immer nach der Wendeluftmasche erst ab der 2. Masche beginnen, im Muster zu häkeln.
Das 2. Seitenteil wird genauso gearbeitet.

Mittelsteg in Gold und Cyan:
15 Luftmaschen in Gold anschlagen. Ab der 1. Reihe wird der Wollfaden mitgeführt. Es wird im selben Muster gearbeitet. Insgesamt 127 Reihen gerade hoch häkeln.

Zusammenhäkeln, Paspel und Griffe in Gold und Kürbis: Das Zusammenhäkeln, das Häkeln der Paspel und der Griffe wird pro Taschenseite in einem Arbeitsschritt erledigt. Zuerst den Steg und 1 Seitenteil nur in Gold mit festen Maschen zusammenhäkeln (links oben beginnen). Direkt im Anschluss 120 Luftmaschen für den Griff häkeln und diese wieder zur linken oberen Taschenecke hinführen. Ab jetzt wieder im gewohnten Muster (1 feste Masche, 1 Luftmasche im Wechsel) weiterhäkeln und den Wollfaden mitführen. Häkeln Sie 3 Runden in diesem Muster, auch über die Luftmaschen des Griffs. Geht das Muster nicht auf, eventuell 1 Masche überspringen. Mit 1 Kettmasche die 3. Runde schließen und einen langen goldenen Faden stehen lassen. Die überstehende Kante wird auf das Stegteil geklappt und mit dem goldenen Faden darauf festgenäht. Die 2. Paspel und den 2. Griff genauso arbeiten. Fäden vernähen.

Riegel, nur in Gold: 13 cm von der rechten Ecke entfernt 1 Kettmasche in den Rand häkeln. 35 Luftmaschen arbeiten und 13 cm von der linken Ecke entfernt die Luftmaschenkette wieder mit 1 Kettmasche im Rand befestigen. Dann 1 Wendeluftmasche arbeiten und feste Maschen auf die 35 Luftmaschen häkeln. 1 Kettmasche neben die vorherige in den Rand arbeiten, 1 Wendeluftmasche arbeiten und wieder 35 Maschen zurückhäkeln. Mit 1 Kettmasche in den Rand Riegel beenden. Fäden vernähen.

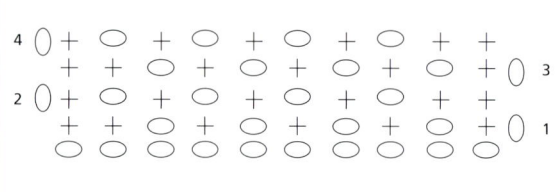

Zunahmen

Abnahmen

masche der Vorreihe zusätzlich 1 Luftmasche und 1 feste Masche häkeln. Auf die gleiche Weise weiter zunehmen, bis insgesamt 6 Runden gehäkelt sind.
7.–8. Runde: Ohne Zunahmen im Muster weiterhäkeln.
Nun wird der Deckel eingelegt und umhäkelt.

Knopf in Gold und Kürbis:
2 Luftmaschen in Gold anschlagen.
1. Runde: Ab jetzt den Wollfaden mitführen. In die 1. Luftmasche 5 feste Maschen häkeln.
2. Runde: Direkt spiralförmig weiterhäkeln und ab jetzt wieder das übliche Muster aus abwechselnd festen Maschen und Luftmaschen häkeln. Jede Masche wird verdoppelt, d.h. in jede Masche 1 feste Masche und 1 Luftmasche häkeln.
3. Runde: Im Muster weiterhäkeln. Dabei in jede 3. Luftmasche der Vorreihe zusätzlich 1 Luftmasche und 1 feste Masche häkeln.
4.–6. Runde: Im Muster weiterhäkeln. Dabei in jede 4. Luft-

9. Runde: Nur noch feste Maschen häkeln (auf die festen Maschen und um die Luftmaschen der Vorreihe).
10.–11. Runde: Nur noch feste Maschen häkeln. Jede 3. und 4. Masche zusammen abmaschen.
12. Reihe: Jede 2. und 3. Masche zusammen abmaschen. Runde mit 1 Kettmasche beenden. Orangefarbenen Faden vernähen, goldenen Faden stehen lassen und damit den Knopf auf der anderen Seite unter den Riegel nähen.
Ganz zum Schluss wird in die obere Kante versteckt Blumendraht eingezogen, um der Tasche mehr Halt zu geben. Anschließend Drahtenden sichern und nach innen klappen.

Mütze mit Ohrwuscheln

Bei dieser Mütze beginnt man oben in der Mitte und arbeitet schneckenförmig. Später drehen Sie die Mütze auf links, da die „falsche" Seite nach außen zeigen soll. Mit der Wuschelwolle wird eine Abschlusskante aus Krebsmaschen gehäkelt. Aus demselben Material werden die Ohrwuschel hergestellt. Auch hier wird in Runden gehäkelt. Allerdings bildet man zwischen den festen Maschen lange Luftmaschenschlingen, die die Ohrwuschel besonders flauschig werden lassen. Die Mütze hat einen Umfang von ca. 58 cm (passend für Frauen und größere Kinder).

■ Material
Wolle „Mirage" von Schachenmayr (50 % Schurwolle, 50 % Polyamid), 50 g in Flamingo (33). „Boston" (70 % Polyacryl, 30 % Schurwolle), 100 g in Weinrot (31). Häkelnadel Nr. 7.

Anleitung
Mütze in Weinrot / „Boston": 2 Luftmaschen anschlagen.
1. Runde: In die 1. Luftmasche 5 feste Maschen häkeln.
2. Runde: Mit festen Maschen spiralförmig direkt weiterhäkeln, wobei jede Masche verdoppelt wird, d.h. in jede Masche 2 feste Maschen häkeln.
3. Runde: Jede 2. Masche verdoppeln, d.h. in jede 1. Masche

1 feste Masche und in jede 2. Masche 2 feste Maschen häkeln.

4. Runde: Jede 3. Masche verdoppeln.

5. Runde: Jede 4. Masche verdoppeln.

6. Runde: Jede 5. Masche verdoppeln.

7. Runde: Jede 6. Masche verdoppeln.

8. Runde: Jede 7. Masche verdoppeln.

9. Runde: Jede 8. Masche verdoppeln.

10. Runde: Feste Maschen häkeln, ohne Zunahme.

11. Runde: Jede 9. Masche verdoppeln.

12. Runde: Feste Maschen häkeln, ohne Zunahme.

13. Runde: Jede 10. Masche verdoppeln.

14. Runde: Jede 11. Masche verdoppeln. Es sollten nun 60 Maschen sein.

Ab jetzt ohne Zunahmen gerade weiterhäkeln, bis insgesamt 28 Runden gehäkelt sind. Die letzte Runde mit 1 Kettmasche schließen. Mütze auf links drehen und die Kante in Flamingo/ „Mirage" mit Krebsmaschen (siehe Seite 11 f.) umhäkeln. Fadenenden vernähen.

Ohrwuschel in Flamingo/ „Mirage": 2 Luftmaschen anschlagen.

1. Runde: In die 1. Luftmasche * 1 feste Masche arbeiten und 10 Luftmaschen häkeln. Ab * fünfmal wiederholen.

2. Runde: Von der 1. Runde direkt weiterhäkeln. In die festen Maschen zwischen den Schlin-

gen je 2 feste Maschen häkeln.

3. Runde: * 20 Luftmaschen und 1 feste Masche häkeln. Ab * bis zum Ende der Runde wiederholen.

4. Runde: In die festen Maschen zwischen den Schlingen je 2 feste Maschen häkeln. Runde mit 1

Kettmasche schließen.

Einen langen Endfaden stehen lassen und mit diesem den Ohrwuschel knapp oberhalb der Mützenkante festnähen. Den 2. Wuschel genauso häkeln und auf der gegenüberliegenden Seite festnähen.

Wir danken der Firma Coats für die freundliche Unterstützung.

Die Deutsche Bibliothek – CIP-Einheitsaufnahme
Ein Titeldatensatz für diese Publikation ist bei Der Deutschen Bibliothek erhältlich.
ISBN 3-332-01355-6

www.dornier-verlage.de
www.urania-ravensburger.de
1. Auflage August 2002
© 2002 Urania Verlag, Berlin
Der Urania Verlag ist ein Unternehmen der Verlagsgruppe Dornier.
Alle Rechte vorbehalten.
Umschlaggestaltung: Behrend & Buchholz, Hamburg
Fotos: Sabine Münch
Modelle: Katharina Krenkel
Zeichnungen: Katharina Krenkel und Martin Schulze
Lektorat: Eva Hauck
Satz: tiff.any GmbH, Berlin
Gesamtherstellung: Urania Verlag
Printed in Germany

Gedruckt auf alterungsbeständigem Papier mit chlorfrei gebleichtem Zellstoff.

Die Schreibweise entspricht den Regeln der neuen Rechtschreibung.